Minna no Nihongo

みんなの日本語

Niveau Intermédiaire I

中級I 翻訳・文法解説 フランス語版
Traduction & Notes Grammaticales

スリーエーネットワーク

© 2011 by 3A Corporation

All rights reserved. No part of this publication may be reproduced, stored in a retrieval system, or transmitted in any form or by any means, electronic, mechanical, photocopying, recording, or otherwise, without the prior written permission of the Publisher.

Published by 3A Corporation.
Trusty Kojimachi Bldg., 2F, 4, Kojimachi 3-Chome, Chiyoda-ku, Tokyo 102-0083, Japan

ISBN 978-4-88319-562-6 C0081

First published 2011
Printed in Japan

Préface

Minna no Nihongo Chukyu I (Japonais pour tous, niveau intermédiaire Tome 1) a été conçu et édité sous la forme d'une méthode complète qui succède à ***Minna no Nihongo Shokyu I*** et ***II*** (Japonais pour tous, niveau débutant, Tomes 1 et 2).

Minna no Nihongo Shokyu (première édition 1998) a été développé originairement pour un public d'apprenants adultes afin de leur permettre l'acquisition rapide d'un niveau élémentaire de japonais, mais actuellement il est également utilisé par des étudiants étrangers souhaitant entrer dans une université japonaise et par des étudiants étrangers qui arrivent au Japon dans le cadre d'échange. Il est utilisé non seulement au Japon, mais aussi à l'étranger.

En même temps, de plus en plus de personnes non-japonaises envisagent de s'installer au Japon et d'obtenir un emploi, avec le phénomène de baisse de natalité au Japon et de développement de l'échange international. ***Minna no Nihongo*** est également apprécié et utilisé largement par ce public.

Ainsi, à l'heure de la diversification des apprenants et l'élargissement des besoins en matière de matériel pédagogique, nous avons reçu un grand nombre de requêtes de divers domaines demandant la création d'un manuel de niveau intermédiaire faisant suite à ***Minna no Nihongo Shokyu I*** et ***II***.
Après les efforts incessants sur la rédaction, l'expérimentation et l'étude, nous avons le plaisir de présenter aujourd'hui ce manuel enfin achevé, qui répond bien aux besoins exprimés.

Pour le niveau débutant, les apprenants qui ont besoin de communiquer en japonais doivent savoir exprimer leur intention et comprendre l'interlocuteur. Mais en arrivant au niveau intermédiaire, les apprenants doivent, en plus de ces compétences de communication, comprendre la culture et la coutume du Japon. Ce manuel est conçu pour apporter suffisamment d'aide pour un tel objectif.

Pour terminer, nous voudrions remercier sincèrement tous ceux qui nous ont accordé leur collaboration sous forme de précieux conseils ou de l'utilisation expérimentale du manuel dans les classes. 3A Corporation a l'intention de continuer à élargir son réseau humain à travers le développement et la publication de manuels que la société multiculturelle dans laquelle cohabitent plusieurs communautés a besoin.

Nous vous prions de bien vouloir nous honorer de votre soutien et de vos encouragements.

Octobre 2008
3A Corporation
Président, Michihiro Takai

Notes explicatives

I. Structure du manuel

La méthode *Minna no Nihongo Chukyu I* est composée d'un *Texte Principal* (avec 1 CD) et d'un *Texte Traduction & Notes Grammaticales*. Il est prévu que le *Texte Traduction & Notes Grammaticales* soit disponible dans différentes langues, en plus de la version anglaise déjà publiée.

Ce manuel vise à aider les apprenants à acquérir les compétences globales pour parler/écouter et lire/écrire au niveau intermédiaire-élémentaire (étape transitoire entre les niveaux débutant et intermédiaire) et avec autonomie.

Minna no Nihongo Chukyu I sera suivi de *Minna no Nihongo Chukyu II*, ce qui permettra aux apprenants de maîtriser le niveau intermédiaire final.

II. Contenu du matériel et mode d'emploi

1. *Texte Principal* avec 1 CD

(1) Leçons

Minna no Nihongo Chukyu I, composé de 12 leçons est la suite des 50 leçons de *Minna no Nihongo Shokyu I* et *II*. Chaque leçon est organisée de la façon suivante :

1) Grammaire et Exercices

Les points de grammaire de chaque leçon sont présentés sous forme de « structures-clés » et la terminologie grammaticale n'est pas utilisée.

Lorsque la phrase est combinée à la structure-clé, cela est indiqué par 「…」.

Ex : 「…ということだ」 (Leçon 2)

Lorsque le nom ou la phrase nominalisée est combinée à la structure-clé, cela est indiqué par 「～」.

Ex : 「～を～と言う」 (Leçon 1)

Cependant, même si la phrase est combinée, si celle-ci se termine par les formes spécifiques telles que て-forme, た-forme, forme dictionnaire, たら-forme, ている-forme, ば-forme, cela est indiqué par 「～」.

Ex : 「～たら、～た」 (Leçon 2)

La façon dont les points de grammaire (structure-clé) sont réellement utilisés est illustrée par des phrases-type et un dialogue. Les exercices sont proposés afin d'aider les apprenants à développer la compétence de mise en œuvre, et certains sont accompagnés de dessin pour montrer la situation et le contexte. Ces exercices ont pour but de renforcer la compétence de conversation et de lecture et encouragent les apprenants à prendre la parole en s'appuyant sur les exercices de structure-clé.

2) Parler et écouter

Les scènes de communication, dont principalement de conversation de négociation, ont été sélectionnées à partir de situation de la vie quotidienne, les dialogues-modèle ont ainsi été élaborés. Ces dialogues permettent aux apprenants de pouvoir tenir une conversation visée sans que ce soit un apprentissage par cœur, en agissant sur l'intérêt et la motivation des apprenants.

Les personnages figurant dans *Minna no Nihongo Shokyu I* et *II* apparaissent encore dans les différents dialogues.

1. やってみましょう (Essayons)

Introduction au dialogue cible. En suivant les consignes, les apprenants doivent s'exprimer dans un contexte de conversation donné.

2. 聞いてみましょう (Écoutons)

Les apprenants écoutent attentivement « les points importants d'écoute » et les expressions de chaque leçon.

3. もう一度聞きましょう (Écoutons encore une fois)

Les apprenants complètent le dialogue en écoutant le CD (La modalité d'écoute dépendra de la capacité de compréhension orale de chaque apprenant).

4. 言ってみましょう (Prononçons)

Les apprenants répètent les dialogues du CD en faisant attention à la prononciation et à l'intonation.

5. 練習をしましょう (Pratiquons)

Les apprenants pratiquent les expressions et le vocabulaire utilisé dans le dialogue.

6. 会話をしましょう (Faisons la conversation)

Les apprenants fabriquent un dialogue à partir des dessins.

7. チャレンジしましょう (Challenge)

Après avoir compris la situation et les relations personnelles données, les apprenants effectuent un dialogue de négociation selon l'objectif de chaque leçon.

3) Lire et écrire

Dans la partie de 「読みましょう」 (Lecture), 12 textes intéressants et amusants pour les apprenants ont été sélectionnés.

1. 考えてみましょう (Réfléchissons)

Avant de lire le texte, les apprenants activent leurs connaissances relatives au thème du texte.

2. ことばをチェックしましょう (Vérifions les mots)

Des mots clés pour comprendre le texte sont proposés (y compris de nouveaux mots). Les apprenants sont invités à vérifier le sens des mots incompris avec le dictionnaire, etc.

3. 読みましょう (Lecture)

Chaque texte est accompagné de 「読むときのポイント」 (points à noter lors de la lecture) qui présente les stratégies de lecture et les compétences nécessaires pour comprendre le texte. Le but est de comprendre adéquatement et rapidement le sens global du texte.

Il y a 2 méthodes de lecture, à savoir la lecture silencieuse et la lecture à haute voix, et ce dernier nous semble également important. Donc, le CD contient le texte vocal pour montrer les exemples d'expression sonore.

4. 答<small>こた</small>えましょう (Répondons)

Les apprenants vérifient si la tâche donnée par 「読<small>よ</small>むときのポイント」 (points à noter lors de la lecture) sont accomplie correctement. Il y a aussi des questions sur le détail du contenu.

5. チャレンジしましょう (Challenge)

Le but de cette activité est de développer la compétence des apprenants à parler ou à écrire en relation avec le sujet du texte, sur des événements familiers ou leur propre expérience.

4) Exercices

Cette partie contient des exercices de compréhension orale (avec l'icône du CD 🔊))), de grammaire et de vocabulaire. Dans la compréhension orale, il y a 2 types d'exercices : des exercices pour répondre à des questions courtes et des exercices pour comprendre le sens global d'un dialogue. Ces deux types d'exercices ont pour objectif de renforcer la capacité d'écoute en appliquant les nouveaux acquis. Les exercices de grammaire permettent aux apprenants de vérifier les structures-clés de chaque leçon et les exercices de vocabulaire permettent de pratiquer et assimiler les mots fonctionnels en particulier.

(2) Tableau des contenus pédagogiques

1) « Parler et écouter »

① titre du dialogue

② objectifs (stratégies)

③ points de grammaire présentés dans « Parler et écouter » (42 structures-clés)

④ ＊ : Notes supplémentaires (cf. Notes Explicatives 2. *Traduction et Note Grammaticale*) (9 notes)

2) « Lire et écrire »

① titre de la lecture

② indices pour la lecture (stratégies)

③ points de grammaires présentés dans « Lire et écrire » (53 structures-clés)

④ ＊ : Notes supplémentaires (cf. Notes Explicatives 2. *Traduction et Note Grammaticale* (8 notes)

(3) Usage des Kanji

1) Les kanji sont sélectionnés, en règle générale, de 「常用漢字表<small>じょうようかんじひょう</small>」 (la liste officielle des caractères chinois) et de son annexe.

① Parmi les 「熟字訓<small>じゅくじくん</small>」 (Kanji composés ayant une prononciation spéciale), ceux qui figurent dans l'annexe de la liste officielle des caractères chinois sont écrits en kanji.

Ex : 友達<small>ともだち</small> ami　　眼鏡<small>めがね</small> lunettes　　二十歳<small>はたち</small> vingt ans　　風邪<small>かぜ</small> rhume

② Pour les noms propres tels que les noms de pays et de région, ou les noms d'art, de culture, ou les termes de parenté, les kanji et la prononciation en dehors de la liste officielle des caractères chinois sont utilisés.

   Ex : 厳島神社 Sanctuaire Itsukushima　　夏目漱石 Natsume Soseki　　姪 nièce

2) Certains mots sont écrits en hiragana pour faciliter la lecture pour les apprenants même si ces kanji se trouvent dans la liste officielle des caractères chinois.

   Ex : ある(有る、在る) il y a　　いまさら(今更) maintenant　　さまざま(様々) varié

3) Les nombres sont en général écrits avec les chiffres arabes.

   Ex : 9時 9 heures　　10月2日 le 2 octobre　　90歳 90 ans

   Cependant, les kanji sont utilisés dans les cas suivants :

   Ex : 一人で　seul　　一戸建て　maison individuelle　　一日中　toute la journée

4) Tous les kanji apparus dans *Minna no Nihongo Chukyu I* sont accompagnés de furigana.

(4) Index

1) Nouveau vocabulaire (environ 910 mots)
2) Expressions utilisées dans les conversations (environ 50)
3) Kanji (parmi les kanji de la liste officielle des caractères chinois, apparus dans « Lecture », hormis les kanji appris au niveau débutant. 315 kanji).

(5) Corrigé

1) Corrigé

   ① « Grammaire et Exercices », « Parler et écouter », « Lire et écrire ».

   ② « Exercices » (incluant les scripts des exercices de la compréhension orale) (Certaines questions peuvent avoir plusieurs réponse en fonction du contexte de chaque apprenant, mais une seule réponse est donnée en guise d'exemple).

2) Script du dialogue « Parler et écouter »
3) Contenu du CD

(6) CD

Le CD contient les parties suivantes : ① dialogues « Parler et écouter », ② texte principal « Lire et écrire », ③ compréhension orale « Exercices ». Le CD permet aux apprenants non seulement d'apprendre la bonne prononciation et l'accent de chaque mot, mais aussi de se familiariser avec la vitesse naturelle de parole du japonais et de développer la compétence pour comprendre l'essentiel de la conversation et pour répondre aux questions.

De plus, l'écoute de « Lire et écrire » permet aux apprenants d'apprécier la richesse des différentes expressions selon le genre du texte. Ils peuvent porter attention sur la manière dont chaque passage est lu, ainsi qu'à la variété du rythme et au changement d'intonation utilisée.

Enfin, les apprenants peuvent vérifier tous ces points avec le CD, ce qui permet le développement de la compétence globale pour les activités de parler et d'écrire sur leur point de vue.

2. *Traduction & Notes Grammaticales (dans différentes langues)* **(vendu séparément)**

Chaque leçon est organisée de la façon suivante :

(1) Nouveau vocabulaire et sa traduction

Le nouveau vocabulaire, les expressions dans le dialogue et les noms propres sont présentés dans l'ordre d'apparition de chaque leçon.

(2) Notes grammaticales

1) Points de grammaire

Le contenu d'apprentissage (les structures-clés) de chaque leçon a été élaboré à partir du programme d'enseignement de grammaire, nécessaire pour les apprenants du niveau intermédiaire.

2) Notes grammaticales [en différentes langues]

L'explication grammaticale nécessaire pour les apprenants donnée est minimum. Les exemples-type sont utilisés pour donner plus de précision sur le sens et la fonction et pour montrer une situation réelle d'utilisation.

3) Combinaison

Dans le *texte principal*, les points de grammaire sont présentés sous forme de structure-clé pour montrer la combinaison sans utiliser de terminologie grammaticale.

Dans le livre des *Notes grammaticales* (en chaque langue), toutes les formes de combinaisons sont présentées pour permettre aux apprenants de les vérifier. La terminologie grammaticale est employée en cas de nécessité.

4) Référence · Notes supplémentaires

L'acquisition de la seconde langue se fait non seulement par l'accumulation de différentes choses dès le niveau débutant, mais aussi en spiral (l'apprentissage d'un nouveau point de grammaire requiert les éléments déjà appris, ce qui permet de renforcer et consolider l'apprentissage). « Référence » montre les points déjà présentés dans *Minna no Nihongo Shokyu*. Dans « Notes supplémentaires », des points non traités dans « Grammaire et exercices » de ce manuel et des points qui y sont liés sont présentés, car ils semblent utiles de les mentionner pour information (ils sont indiqués dans le tableau des contenus pédagogiques en fin du livre).

Pour ceux qui utilisent ce matériel

Ces notes expliquent quelques points importants afin que les apprenants puissent apprendre efficacement avec le *Texte principal* et 1 CD de *Minna no Nihongo Chukyu I* et le texte de la *Traduction & Notes Grammaticales (en différentes langues)*

I. *Minna no Nihongo Chukyu I Texte Principal* (avec 1 CD)
1. Grammaire et exercices

Pour chaque point de grammaire, vérifiez d'abord avec les phrases-type, dans quelle situation et dans quel contexte les structures-clés et les expressions apprises peuvent être utilisées. Comparez également avec les structures-clés et les expressions déjà apprises au niveau débutant. Ensuite, vérifiez les combinaisons, et mettez en pratique les points de grammaire appris dans les situations de « parler et écouter » et de « lire et écrire ».

2. Parler et écouter (dialogue)

D'abord, dans l'activité 「やってみましょう」 (Essayons), fabriquez un dialogue en utilisant ce que vous avez appris. Ensuite, dans l'activité 「聞いてみましょう」 (Écoutons), écoutez le CD en faisant attention au vocabulaire et aux expressions. Dans 「もう一度聞きましょう」 (Écoutons encore une fois), écrivez les mots ou les expressions dans les trous blancs en écoutant encore une fois le CD. Dans la partie 「言ってみましょう」 (Prononçons), lisez à haute voix avec le CD en faisant attention à la prononciation. Ensuite, dans 「練習をしましょう」 (Pratiquons), faites des exercices sur les expressions utilisées dans le dialogue. A la fin, dans l'activité 「会話をしましょう」 (Faisons la conversation), créez une conversation à partir du dessin.

En travaillant de cette manière, vous serez capable de tenir la conversation naturellement sans avoir à apprendre par cœur. Vous serez alors amené à faire sans difficulté l'activité plus avancée 「チャレンジしましょう」 (Challenge). Le script de chaque dialogue se trouve dans le fascicule 「解答」 (Corrigé) qui se trouve à la fin du manuel.

3. Lire et écrire (Texte pour la lecture)

Il y a quelques préparations à faire avant la lecture du texte principal. Dans l'activité 「考えてみましょう」 (Réfléchissons), vous réfléchissez sur le sujet relatif au texte et discutez avec d'autres étudiants et le professeur. Ensuite, vérifiez le vocabulaire utilisé dans le texte avec 「ことばをチェックしましょう」 (Vérifions le vocabulaire). La liste du nouveau vocabulaire est présentée dans le *Texte Traduction & Notes Grammaticales (en différentes langues)*.

Ensuite, lisez le texte principal 「読みましょう」 (Lecture). Suivez les consignes qui se trouvent dans 「読むときのポイント」 (Points à noter lors de la lecture) afin de mieux comprendre le texte.

A la fin, faites le test pour évaluer le degré de compréhension avec 「答えましょう」 (Répondons). Pour terminer la leçon avec l'activité 「チャレンジしましょう」 (Challenge), faites un exposé et rédigez une composition à partir de vos connaissances et vos expériences en relation avec le thème du texte.

Il y a un « index de kanji » à la fin du manuel dans lequel les 315 kanji utilisés (sauf les kanji appris au niveau débutant) sont présentés dans l'ordre d'apparition. Cet index vous permettra d'apprendre la prononciation, la façon de tracer, le sens et l'utilisation de ces kanji.

4. Exercices (révision)

Vérifiez votre compréhension sur les points de grammaire et le vocabulaire en faisant des exercices. Le corrigé se trouve en fin du livre.

5. CD (: icône du CD)

Les parties suivantes sont enregistrées sur le CD : (1) dialogue de « parler et écouter », (2) lecture de « lire et écrire » et (3) compréhension orale des « exercices ».

- Dialogue : la vitesse du dialogue augmente petit à petit suivant la progression des leçons. Habituez-vous à la vitesse naturelle du japonais et entraînez-vous afin de comprendre l'essentiel du dialogue.
- Lecture : lorsque vous écoutez le texte, faites attention au rythme et au ton, ainsi qu'à la façon dont le texte est lu.
- Exercices : testez votre compétence de compréhension orale en faisant des exercices d'application.

II. *Minna no Nihongo Chukyu I - Traduction & Notes Grammaticales* (vendu séparément, disponible en plusieurs langues)

Ce livre est composé de « nouveau vocabulaire » et « notes grammaticales ».

1. Nouveau Vocabulaire

Le nouveau vocabulaire, les expressions des conversations et les noms propres sont présentés dans l'ordre d'apparition des leçons. Vérifiez l'utilisation de ces environ 1,000 mots dans les leçons, et faites des exercices pour développer la compétence de mise en pratique et d'application en utilisant également les 2,000 mots déjà appris au niveau débutant.

2. Notes grammaticales

Il y a des explications grammaticales sur environ 100 points de grammaire apparus dans la partie de « parler et écouter » (dialogue) et de « lire et écrire » (lecture) dans les leçons. Apprenez le sens et la fonction à travers la structure-clé, approfondissez votre compréhension grâce à une situation de conversation réelle ou à un contexte de lecture. Développez ainsi votre compétence de mise en pratique.

Ce manuel *Minna no Nihongo Chukyu I* a été conçu pour permettre aux apprenants de passer d'une étape d'initiation à l'étape intermédiaire, et d'apprendre agréablement les quatre compétences (parler/écouter/lire/écrire) de manière équilibrée. Nous espérons que ce manuel aide les apprenants à développer leur compétence en japonais nécessaire pour le niveau intermédiaire-élémentaire et à construire une base solide pour les niveaux suivants (niveau intermédiaire avancé et niveau avancé).

Terminologie utilisée pour instruction

日本語	français	課	日本語	français	課
依頼	requête	7	動作の列挙	énumération des actions	12
引用	citation	6	判断	jugement	1
確認	confirmation	5	比較	comparaison	9
過去の意志	volition au passé	6	否定の意志	volition négative	6
勧誘	invitation	10	比喩	comparaison	1
義務	obligation	6	文脈指示	démonstratif contextuel	5
経験	expérience	11	変化	changement	11
継続	continuité	11	理由	raison	1
経歴	antécédent	11	例示	exemplification	1
結果	résultat	1	移動動詞	verbe de déplacement	5
結果の状態	état résultant	11	感情動詞	verbe d'émotion	7
原因	cause	8	状態動詞	verbe d'état	9
限定	limitation	6	複合動詞	verbe composé	10
根拠	fondement	1	疑問詞	pronom interrogatif	5
指示	indication	7	固有名詞	nom propre	1
事態の出現	apparition d'une situation	6	格助詞	particule casuelle	4
習慣	habitude	11	終助詞	particule finale	7
手段	moyen	11	助数詞	auxiliaires numéraux	1
状況からの判断	jugement basé sur les circonstances	1	受身	passif	7
条件	condition	9	間接受身	passif indirect	12
推量	conjecture	5	使役受身	causatif passif	4
提案	suggestion	11	意向形	forme volitive	5
丁寧な依頼表現	expression de requête polie	1	中止形	forme suspensive	4
伝聞	ouï-dire	4			

		課
である体	style である	4
丁寧形	forme polie	4
普通形	forme neutre	1
会話	conversation	5
文章	texte écrit	5
仮定	hypothèse	2
使役	causatif	4
感情使役	causatif émotionnel	7
完了	parfait	2
逆接	adversatif	1
反事実的用法	emploi irréel	9
付帯状況	circonstances d'accompagnement	11
並列	juxtaposition	11
名詞修飾	qualification nominale	8
語幹	radical	12
主題	thème	6
節	proposition	5
尊敬語	respect	9
同格	apposition	4

Abréviation

N	Nom（名詞)
A	Adjectif（形容詞)
い A	い -adjectif（い形容詞)
な A	な -adjectif（な形容詞)
V	Verbe（動詞)
Vi	Verbe intransitif（自動詞)
Vt	Verbe transitif（他動詞)
V ます -forme	Verbe ます -forme（動詞ます形)
V forme dictionnaire	Verbe forme dictionnaire（動詞辞書形)
V ない -forme	Verbe ない -forme（動詞ない形)
V た -forme	Verbe た -forme（動詞た形)
V て -forme	Verbe て -forme（動詞て形)
P	Phrase（文)

Personnages

マイク・ミラー / **Mike Miller**
Américain,
employé d'IMC

松本 正 / **Matsumoto Tadashi**
Japonais, directeur du département d'
IMC (Osaka)

佐藤 けい子 / **Sato Keiko**
Japonaise,
employée d'IMC (Osaka)

中村 秋子 / **Nakamura Akiko**
Japonaise,
chef de service commercial d'IMC

山田 一郎 / **Yamada Ichiro**
Japonais,
employé d'IMC (Osaka)

山田 友子 / **Yamada Tomoko**
Japonaise,
banquière

ジョン・ワット / **John Watt**
Anglais, professeur d'anglais à
l'Université Sakura

太郎 / **Taro**
Japonais écolier (8 ans),
fils de Yamada Ichiro et Tomoko

タワポン / **Thawaphon**
Thaïlandais
étudiant à l'Université Sakura

森 / **Mori**
Japonais
professeur à l'Université Sakura

イー・ジンジュ / **Lee Jin Ju**
Coréenne
chercheur à l'AKC

広田 / **Hirota**
Japonais,
étudiant à l'Université Sakura

佐野 / **Sano**
Japonaise,
ménagère

野村 / **Nomura**
Japonaise,
ménagère

ホセ・サントス／**Jose Santos**
Brésilien,
employé d'Air Brésil

マリア・サントス／**Maria Santos**
Brésilienne,
ménagère

カリナ／**Karina**
Indonésienne,
étudiante à l'Université Fuji

テレサ／**Teressa**
Brésilienne, écolière (9 ans),
fille de Jose et Maria Santos

池田／**Ikeda**
Japonais,
employé d'Air Brésil

カール・シュミット／**Karl Schmidt**
Allemand,
ingénieur de Power Electric

クララ・シュミット／**Klara Schmidt**
Allemande,
professeur d'allemand

ワン・シュエ／**Wang Xue**
Chinois,
médecin à l'Hôpital Kobe

ハンス／**Hans**
Allemand, écolier (12 ans)
fils de Karl et Klara Schmidt

リンリン／**Lin Lin**
Chinoise,
nièce de Wang Xue

渡辺　あけみ／**Watanabe Akemi**
Japonaise,
employée de Power Electric

* IMC（compagnie de logiciel d'ordinateur）
* AKC（アジア研究センター：Institut de Recherche sur l'Asie）

Table des matières

Préface

Notes explicatives

Pour ceux qui utilisent ce matériel

Terminologie utilisée pour instruction

Abréviation

Personnages

Première partie   Nouveau vocabulaire

Leçon 1 2

Leçon 2 6

Leçon 3 9

Leçon 4 12

Leçon 5 16

Leçon 6 19

Leçon 7 23

Leçon 8 26

Leçon 9 29

Leçon 10 33

Leçon 11 37

Leçon 12 42

Deuxième partie
Explications grammaticales

Leçon 1 46

1．～てもらえませんか・～ていただけませんか
　　～てもらえないでしょうか・～ていただけないでしょうか
2．～のようだ・～のような～・～のように…
3．～ことは／が／を
4．～を～と言う
5．～という～
6．いつ／どこ／何／だれ／どんなに～ても

話す・聞く

　　～じゃなくて、～

読む・書く

　　…のだ・…のではない
　　何人も、何回も、何枚も…

Leçon 2 51

1．(1) (2) ～たら、～た
2．～というのは～のことだ・～というのは…ということだ
3．…という～
4．…ように言う／注意する／伝える／頼む
5．～みたいだ・～みたいな～・～みたいに…

話す・聞く

　　～ところ

Leçon 3 54

1．～（さ）せてもらえませんか・～（さ）せていただけませんか
　　～（さ）せてもらえないでしょうか・～（さ）せていただけないでしょうか
2．(1) …ことにする
　　(2) …ことにしている
3．(1) …ことになる
　　(2) …ことになっている
4．～てほしい・～ないでほしい

5．(1) ～そうな～・～そうに…
　　(2) ～なさそう
　　(3) ～そうもない

話す・聞く

　　～たあと、…

Leçon 4 59

1．…ということだ
2．…の・…の？
3．～ちゃう・～とく・～てる
4．～（さ）せられる・～される
5．～である
6．～ます、～ます、…・～くも、～くも、…
7．(1) ～（た）がる
　　(2) ～（た）がっている
8．…こと・…ということ

話す・聞く

　　～の～
　　～ましたら、…・～まして、…

Leçon 5 65

1．(1) あ～・そ～
　　(2) そ～
2．…んじゃない？
3．～たところに／で
4．(1)(2) ～（よ）うとする／しない
5．…のだろうか
6．～との／での／からの／までの／への～
7．…だろう・…だろうと思う

話す・聞く

　　…から、～てください

読む・書く

　　が／の

Leçon 6 ··· 71

1．(1) …て…・…って…
   (2) 〜って…
2．(1) 〜つもりはない
   (2) 〜つもりだった
   (3) 〜たつもり・〜ているつもり
3．〜てばかりいる・〜ばかり〜ている
4．…とか…
5．〜てくる
6．〜てくる・〜ていく

読む・書く
　こ〜

Leçon 7 ··· 76

1．(1) 〜なくてはならない／いけない・〜なくてもかまわない
   (2) 〜なくちゃ／〜なきゃ［いけない］
2．…だけだ・［ただ］…だけでいい
3．…かな
4．(1) 〜なんか…
   (2) …なんて…
5．(1) 〜（さ）せる
   (2) 〜（さ）せられる・〜される
6．…なら、…

読む・書く
　〜てくれ

Leçon 8 ··· 82

1．(1) (2) 〜あいだ、…・〜あいだに、…
2．(1) (2) 〜まで、…・〜までに、…
3．〜た〜
4．〜によって…
5．〜たまま、…・〜のまま、…
6．…からだ

話す・聞く
　　髪／目／形をしている

Leçon 9 86

1. お〜**ます**です
2. 〜てもかまわない
3. …ほど〜ない・…ほどではない
4. 〜ほど〜はない／いない
5. …ため［に］、…・…ためだ
6. 〜たら／〜ば、…た

Leçon 10 90

1. (1) …はずだ
   (2) …はずが／はない
   (3) …はずだった
2. …ことが／もある
3. 〜た結果、…・〜の結果、…
4. (1) 〜出す
   (2) 〜始める・〜終わる・〜続ける
   (3) 〜忘れる・〜合う・〜換える

読む・書く
　　…ということになる

Leçon 11 95

1. 〜てくる・〜ていく
2. 〜たら［どう］？
3. …より…ほうが…
4. 〜らしい
5. …らしい
6. 〜として
7. (1) 〜ず［に］…
   (2) 〜ず、…
8. 〜ている

話す・聞く

～なんかどう？

Leçon 12 101

1．…もの／もんだから
2．(1) ～(ら)れる
　 (2) ～(ら)れる
3．～たり～たり
4．～っぱなし
5．(1) …おかげで、…・…おかげだ
　 (2) …せいで、…・…せいだ

話す・聞く

…みたいです

読む・書く

どちらかと言えば、～ほうだ

～ます／ませんように

Tableau des contenus d'apprentissage 108

Première partie
Nouveau vocabulaire

Leçon 1

どのように		comment
迷う［道に〜］	まよう［みちに〜］	se perdre, perdre [le chemin]
先輩	せんぱい	aîné, ancien (école, université, etc.)
まるで		juste, comme si
明るい［性格が〜］	あかるい［せいかくが〜］	gai, joyeux [le caractère]
父親	ちちおや	père, mon père (cf. 母親 ははおや : mère, ma mère)
湖	みずうみ	lac
目指す	めざす	viser
命	いのち	vie
おせち料理	おせちりょうり	cuisine japonaise traditionnelle spécialement préparée pour le nouvel an
初詣で	はつもうで	première visite de l'année dans un sanctuaire shintô ou un temple
畳	たたみ	natte en paille de riz servant à couvrir le sol de la pièce traditionnelle japonaise
座布団	ざぶとん	coussin japonais carré
床	ゆか	plancher, sol
正座	せいざ	assis droit avec les jambes pliées, assis formel
おじぎ		inclination (salut)
作家	さっか	écrivain
〜中［留守〜］	〜ちゅう［るす〜］	pendant [l'absence]
いっぱい		plein, comble
どんなに		même si
立派［な］	りっぱ［な］	remarquable, admirable
欠点	けってん	défaut
〜過ぎ	〜すぎ	passé
似合う	にあう	aller bien à qqn.

それで		donc
お礼	おれい	remerciement
ポイント		point essentiel
内容	ないよう	contenu
聞き取る	ききとる	comprendre en écoutant
表現	ひょうげん	expression
迷う［AかBか〜］	まよう	hésiter [entre A et B]
部分	ぶぶん	partie
市民	しみん	citoyen
会館	かいかん	maison, centre
市民会館	しみんかいかん	centre communal
伝統的［な］	でんとうてき［な］	traditionnel
実際に	じっさいに	réellement
そういう		tel, ce genre de
ふだん		ordinaire, habituel
何とか	なんとか	d'une façon ou d'une autre
イントネーション		intonation
奨学金	しょうがくきん	bourse d'études
推薦状	すいせんじょう	lettre de recommandation
交流	こうりゅう	échanges (cf. 交流(こうりゅう)パーティー : réunion conviviale, pot)
司会	しかい	présidence (réunion)
目上	めうえ	supérieur (statut social, âge)
断る	ことわる	refuser
引き受ける	ひきうける	accepter
印象	いんしょう	impression
チェックする		vérifier
［お］住まい	［お］すまい	maison, logement
たたむ		plier
重ねる	かさねる	superposer
板張り	いたばり	en planche de bois (plancher)
素足	すあし	sans chaussette

使い分ける	つかいわける	utiliser selon les circonstances
良さ	よさ	mérite, bon côte
読み取る	よみとる	comprendre en lisant
旅行者	りょこうしゃ	voyageur, touriste
〜者	〜しゃ	-eur, -iste (personne)
最も	もっとも	le plus
非常に	ひじょうに	très, extrêmement
それほど		à ce point
代表する	だいひょうする	représenter
全体	ぜんたい	entier, ensemble
敷く	しく	étendre, poser (tapis tatami/futon/coussin japonais)
ちょうど		exactement, justement
何枚も	なんまいも	plusieurs (objet plats et fins)
つける [名前を〜]	[なまえを〜]	donner [un nom]
やまとことば		mot d'origine japonaise
動かす	うごかす	bouger, déplacer
組み合わせる	くみあわせる	combiner
客間	きゃくま	salon
居間	いま	salle de séjour
仕事部屋	しごとべや	bureau, atelier
ワラ		paille
イグサ		jonc
呼吸する	こきゅうする	respirer
湿気	しっけ	humidité
取る [湿気を〜]	とる [しっけを〜]	enlever [l'humidité]
快適 [な]	かいてき [な]	agréable, confortable
清潔 [な]	せいけつ [な]	propre
本文	ほんぶん	texte principal
一戸建て	いっこだて	maison individuelle
小学生	しょうがくせい	écolier (de l'école primaire)

日常生活	にちじょうせいかつ	vie quotidienne

あのう、〜ていただけないでしょうか。	Excusez-moi, mais auriez-vous la gentillesse de 〜 ?

> Demander quelque chose avec hésitation en commençant par「あのう」.

何(なん)とかお願(ねが)いできないでしょうか。	Ne serait-il pas possible de compter sur votre gentillesse ...

> Faire une requête qui semble difficile à être acceptée.

うちでよければどうぞ。	Si notre maison convient, venez, je vous en prie.
お役(やく)に立(た)ててよかったです。	Je suis ravi de vous avoir été utile.
お預(あず)かりします。	Je le prends.

村上春樹(むらかみはるき)	Haruki Murakami : écrivain, traducteur. 1949-.
『ノルウェイの森(もり)』	« La ballade de l'impossible » : un des romans à succès de Haruki Murakami, traduit en plusieurs langues.
南太平洋(みなみたいへいよう)	Pacifique sud
トンガ王国(おうこく)	Royaume de Tonga
バオバブ	baobab : arbre d'origine africaine.
マダガスカル	Madagascar
タタミゼ	tatamisé : désigne les personnes en France qui ont adopté le style de vie ou la culture du Japon.

Leçon 2

ふく［ガラスを～］		essuyer [la vitre]
結果	けっか	résultat
外来語	がいらいご	mot d'origine étrangère
守る［地球を～］	まもる［ちきゅうを～］	protéger [la Terre]
ソフトウェア		logiciel
メール		courriel, mél
郵便	ゆうびん	courrier, poste
Eメール	イーメール	courriel, e-mail
栄養	えいよう	nutrition
カロリー		calorie
エコ		éco (écologie)
環境	かんきょう	environnement
アポ		rendez-vous
省エネ	しょうエネ	économie d'énergie
学習する	がくしゅうする	apprendre
記事	きじ	article
分ける［ごみを～］	わける	trier [les déchets]
うわさ		rumeur
辺り	あたり	environs
アドバイス		conseil
事件	じけん	affaire
奪う	うばう	voler, arracher
干す	ほす	sécher
以外	いがい	sauf
つく［うそを～］		dire [un mensonge], mentir
ロボット		robot
本物	ほんもの	objet véritable
飛ぶ［空を～］	とぶ［そらを～］	voler [dans le ciel]

オレンジ		orange
パジャマ		pyjama
四角い	しかくい	carré
腕	うで	bras
つける［腕に～］	［うでに～］	mettre [au bras]
ふるさと		pays (ville, village) natal
話しかける	はなしかける	s'adresser à
不在連絡票	ふざいれんらくひょう	avis de passage pendant une absence
～宅	～たく	chez ～
工事	こうじ	travaux
休日	きゅうじつ	jour de congé
断水	だんすい	coupure d'eau
リモコン		télécommande
ロボコン		concours de robot
苦手［な］	にがて［な］	point faible
紛らわしい	まぎらわしい	confus
正確［な］	せいかく［な］	précis, exact
バランス		équilibre
引く［線を～］	ひく［せんを～］	tracer [un trait]
筆者	ひっしゃ	auteur
いまだに		encore maintenant
とんでもない		Mais non!
宇宙人	うちゅうじん	extra-terrestre
全く	まったく	totalement, complètement
別の	べつの	autre, différent
～自身	～じしん	soi-même
友人	ゆうじん	ami
また		de plus
ライス		riz (servi avec le plat occidental)
アドレス		adresse, adresse e-mail
メールアドレス		adresse e-mail
プレゼン		présentation, exposé

アイデンティティ		identité
コンプライアンス		conformité
例えば	たとえば	par exemple
ポリシー		politique, principe
場合	ばあい	cas, circonstance
％	パーセント	pour cent
普通に	ふつうに	habituellement, normalement
いまさら		à présent
必要	ひつよう	nécessité
なくてはならない		indispensable
取る[バランスを〜]	とる	garder [l'équilibre]
文章	ぶんしょう	texte
比べる	くらべる	comparer

お忙（いそが）しいところ、……。	(Excusez-moi) de vous déranger, ...

S'adresser à quelqu'un en considérant les circonstances de l'interlocuteur.

それで……。	Et ...?

Écouter l'interlocuteur et l'encourager à continuer.

僕自身（ぼくじしん）もそうだけど、……。	Moi aussi je suis dans la même situation.
何（なに）が何（なん）だかわからない。	Je ne comprends rien de ce que c'est.

Leçon 3

インタビューする		faire une interview
担当する	たんとうする	se charger de
アルバイト先	アルバイトさき	lieu de travail temporaire
〜先	〜さき	lieu de 〜
店長	てんちょう	directeur de magasin
研修	けんしゅう	stage
話し合う	はなしあう	discuter
通勤する	つうきんする	aller au travail
これまで		jusqu'à présent
減らす	へらす	diminuer
引っ越す	ひっこす	déménager
〜か国	〜かこく	〜 pays (nombre de pays)
家庭	かてい	famille, foyer
事情	じじょう	circonstances
幼稚園	ようちえん	école maternelle
昼寝する	ひるねする	faire la sieste
帰国する	きこくする	renter dans son pays
来社	らいしゃ	visite à une entreprise
新製品	しんせいひん	nouveau produit
新〜	しん〜	nouveau 〜 , dernier 〜
発表会	はっぴょうかい	présentation
いつまでも		pour toujours
景気	けいき	situation économique
これ以上	これいじょう	ne plus
森	もり	forêt
声 [市民の〜]	こえ [しみんの〜]	voix [du citoyen], opinion
受ける [インタビューを〜]	うける	recevoir [une interview]
要望	ようぼう	demande

本当は	ほんとうは	en réalité
おとなしい		calme, docile
しゃべる		parler, bavarder
振る［彼女を～］	ふる［かのじょを～］	quitter, larguer [sa petite amie]
Tシャツ	ティーシャツ	T-shirt
数	かず	nombre
切る［電話を～］	きる［でんわを～］	raccrocher [le téléphone]
秘書	ひしょ	secrétaire
教授	きょうじゅ	professeur
わざわざ		exprès, prendre la peine de faire quelque chose
取る［時間を～］	とる［じかんを～］	prendre [de son temps]
できれば		si cela est possible
変更する	へんこうする	changer
急用	きゅうよう	affaire urgente
気にする	きにする	se préoccuper de, s'inquiéter de
取引先	とりひきさき	client
学生用	がくせいよう	pour étudiant
～用［学生～］	～よう［がくせい～］	à l'usage [des étudiants]
コンピューター室	コンピューターしつ	salle informatique
～室	～しつ	salle de ～
渋滞	じゅうたい	embouteillage
瞬間	しゅんかん	moment, instant
意識	いしき	conscience
アンケート		enquête, questionnaire, sondage
調査	ちょうさ	enquête, investigation, étude
傾向	けいこう	tendance
避ける	さける	éviter
悲観的［な］	ひかんてき［な］	pessimiste
グラフ		graphique
時	とき	temps
最高に	さいこうに	le plus
もう一つ	もうひとつ	un(e) autre, l'autre

あいだ		pendant
前者	ぜんしゃ	le premier, celui-là
後者	こうしゃ	ce dernier, celui-ci
やはり		en fin de compte
恋	こい	amour
幸せ	しあわせ	bonheur
感じる	かんじる	sentir, éprouver
寝坊する	ねぼうする	se réveiller tard
危険	きけん	danger
寝顔	ねがお	visage d'une personne qui dort

お電話、代わりました。	Allô, [nom] est à l'appareil.
どうかしましたか。	Il vous est arrivé quelque chose?
わざわざ〜ていただいたのに、……。	Vous avez pris la peine de le faire, mais ...

Etre désolé que la faveur de l'interlocuteur soit faite en vain.

困りましたね。	C'est ennuyeux (pour vous / pour nous).
できれば、〜ていただけないでしょうか。	Si c'est possible, auriez-vous la gentillesse de 〜 ?

Faire une requête avec tact.

おいでください。	Venez. (honorifique)
申し訳ありませんでした。	Excusez-moi (d'avoir faire/de ne pas avoir fait quelque chose).

東北　　　Tohoku : La région nord-est du Japon, appelée Tohoku, composée des préfectures d'Aomori, d'Akita, d'Iwate, de Yamagata de Miyagi et de Fukushima.

Leçon 4

検査する	けんさする	examiner
明日	あす	demain
能力	のうりょく	capacité, aptitude
バザー		vente de charité, kermesse
マスク		masque
スーツケース		valise
目が覚める	めがさめる	se réveiller
朝礼	ちょうれい	assemblée du matin
校歌	こうか	hymne d'une école
敬語	けいご	langage honorifique
感想文	かんそうぶん	commentaire, compte-rendu (ex. après la lecture, etc.)
運動場	うんどうじょう	terrain de sport
いたずら		bêtise, farce
美しい	うつくしい	beau
世紀	せいき	siècle
平和[な]	へいわ[な]	en paix, paisible
人々	ひとびと	gens
願う	ねがう	souhaiter
文	ぶん	phrase
書き換える	かきかえる	réécrire
合わせる	あわせる	combiner
もともと		originairement
若者	わかもの	jeune personne
～湖	～こ	Lac ～
深い	ふかい	profond
さまざま[な]		divers, varié
苦しい[生活が～]	くるしい[せいかつが～]	dur, être difficile [la vie]
性格	せいかく	caractère
人気者	にんきもの	personne populaire, idole

多く	おおく	beaucoup
不安［な］	ふあん［な］	anxieux
出る［製品が～］	でる［せいひんが～］	[Un produit] être mis en vente
雷	かみなり	foudre, tonnerre
うち		chez nous, notre maison（cf. うちの子ども : mon enfant）
残念［な］	ざんねん［な］	dommage, regrettable
認める	みとめる	admettre
現実	げんじつ	réalité
愛する	あいする	aimer
首都	しゅと	capitale
伝言	でんごん	message
留守番電話	るすばんでんわ	répondeur téléphonique
メッセージ		message
受ける［伝言を～］	うける［でんごんを～］	recevoir [un message]
入れる［メッセージを～］	いれる	laisser [un message]
差し上げる［電話を～］	さしあげる［でんわを～］	passer [un coup de téléphone] (honorifique)
そのように		Ainsi (comme cela)（cf. このように : comme ceci）
出る［電話に～］	でる［でんわに～］	répondre [au téléphone]
急［な］	きゅう［な］	urgent
入る［仕事が～］	はいる［しごとが～］	avoir [du travail à faire]
取り消す	とりけす	annuler, supprimer
来客中	らいきゃくちゅう	occupé avec un visiteur
食パン	しょくパン	pain de mie
売り切れ	うりきれ	épuisé
バーゲンセール		soldes
案内状	あんないじょう	lettre d'invitation
～状［招待～］	～じょう［しょうたい～］	lettre ～ [d'invitation]
遠い［電話が～］	とおい［でんわが～］	On entend mal [la voix au téléphone]
～嫌い	～ぎらい	phobie de ～

4

時代	じだい	époque
順に	じゅんに	par ordre
失礼［な］	しつれい［な］	impoli
勧める	すすめる	recommander
腹を立てる	はらをたてる	se fâcher
味わう	あじわう	goûter, apprécier
つなぐ		relier, connecter
エピソード		épisode
大嫌い	だいきらい	détester
大〜 　［好き / 嫌い］	だい〜 　［すき / きらい］	beaucoup [aimer /détester]
しつこい		tenace, insistant
全員	ぜんいん	tout le monde
数日	すうじつ	quelques jours
親せき	しんせき	parent
接続する	せつぞくする	connecter
申し出る	もうしでる	proposer, offrir
結局	けっきょく	finalement
早速	さっそく	tout de suite, aussitôt
そば		à côté
取り付ける	とりつける	installer
出席者	しゅっせきしゃ	présent, participant
料金	りょうきん	frais, prix

| いつもお世話になっております。 | Je vous remercie pour tout ce que vous faites. |
| あいにく……。 | Malheureusement ... |

> S'excuser pour ne pas avoir pu répondre aux attentes de l'interlocuteur.

| 恐れ入りますが、……。 | Excusez-moi, mais ... |

> Expression utilisée quand on fait une demande à une personne à laquelle on doit exprimer le respect.

| このままでよろしければ | Si cela vous convient ... |

ただいまのメッセージをお預かりしました。　Votre message est maintenant enregistré.
ごめん。　Excuse-moi.

....

日本語能力試験	test d'aptitude du japonais : test d'aptitude du japonais, certificat destiné aux personnes dont la langue maternelle n'est pas le japonais.
摩周湖	Lac Mashu : un lac qui se trouve à Hokkaido.
夏目漱石	Soseki Nasume : écrivain, critique, spécialiste de littérature anglaise. 1867-1916.
マーク・トゥエイン	Mark Twain : écrivain américain. 1835-1910.
H. G. ウェルズ	H.G. Wells : écrivain anglais, critique. 1866-1946.
グラハム・ベル	Alexander Graham Bell : physicien et inventeur américain. Inventeur du téléphone. 1847-1922.
ハートフォード	Hartford : ville dans l'état du Connecticut, sur la côte ouest des États-Unis.

Leçon 5

教科書	きょうかしょ	manuel (scolaire)
居酒屋	いざかや	bistrot de style japonais
やきとり		yakitori (brochette de poulet grillé)
画面	がめん	écran
俳優	はいゆう	acteur
そっくり		être parfaitement semblable
コンビニ		supérette
改札［口］	かいさつ［ぐち］	portillon d'accès
運転手	うんてんしゅ	chauffeur, conducteur
かかってくる［電話が〜］	［でんわが〜］	sonner [le téléphone]
切れる［電話が〜］	きれる［でんわが〜］	cesse de sonner [le téléphone]
挙げる［例を〜］	あげる［れいを〜］	citer [un exemple]
未来	みらい	futur, avenir
なくす［戦争を〜］	［せんそうを〜］	faire cesser [la guerre]
不思議［な］	ふしぎ［な］	bizarre, mystérieux, merveilleux
増やす	ふやす	augmenter
今ごろ	いまごろ	maintenant, à cette heure, à cette époque
観光客	かんこうきゃく	touriste
沿う［川に〜］	そう［かわに〜］	longer [la rivière]
大通り	おおどおり	boulevard, avenue
出る［大通りに〜］	でる［おおどおりに〜］	mener à [la grande rue]
横断歩道	おうだんほどう	passage piéton
突き当たり	つきあたり	bout (de la route)
線路	せんろ	voie ferrée
向こう側	むこうがわ	l'autre côté
踏切	ふみきり	passage à niveau
分かれる［道が〜］	わかれる［みちが〜］	se séparer, bifurquer [le chemin]

芸術	げいじゅつ	art, beaux-arts
道順	みちじゅん	itinéraire, chemin
通行人	つうこうにん	passant
通り	とおり	rue
川沿い	かわぞい	bord de la rivière
～沿い	～ぞい	au bord de ～
流れる	ながれる	couler, s'écouler
～先 [100 メートル～]	～さき	plus loin, devant [100 mètres]
～方 [右の～]	～ほう [みぎの～]	en direction de [la droite]
南北	なんぼく	le nord et le sud
逆	ぎゃく	opposé, inverse
南半球	みなみはんきゅう	hémisphère sud
北半球	きたはんきゅう	hémisphère nord
常識	じょうしき	sens commun
差別	さべつ	discrimination
平等 [な]	びょうどう [な]	égal
位置	いち	position, situation
人間	にんげん	homme, être humain
観察する	かんさつする	observer
面	めん	plan, surface
中央	ちゅうおう	centre
自然に	しぜんに	naturellement
努力する	どりょくする	faire des efforts
そこで		alors
普通	ふつう	en général, d'habitude
経緯度	けいいど	longitude et latitude
無意識に	むいしきに	inconsciemment
表れ	あらわれ	manifestation, signe
上下	じょうげ	en haut et en bas, vertical
左右	さゆう	droite et gauche, horizontal
少なくとも	すくなくとも	au moins

文句	もんく	plainte
わざと		exprès
経度	けいど	longitude
緯度	いど	latitude
使用する	しようする	utiliser
東西	とうざい	l'est et l'ouest

～から、～てください。　　　　　　　　　～ , alors ～ (requête).

> Expliquer l'itinéraire en mentionnant des repères pour que l'interlocuteur comprenne clairement.

5

函館(はこだて)	Hakodate : ville maritime située au sud de Hokkaido.
東京(とうきょう)タワー	la tour de Tokyo : tour de télévision située dans l'arrondissement de Minato à Tokyo, construite en 1958.
アラビア語(ご)	arabe
マッカーサー	Stuart McArthur : australien. Professeur au lycée.
アフリカ	Afrique
南(みなみ)アメリカ	Amérique du Sud

Leçon 6

一期一会	いちごいちえ	une rencontre, une fois (chaque rencontre est précieuse)
フクロウ		chouette
学ぶ	まなぶ	apprendre
一生	いっしょう	toute la vie
店員	てんいん	vendeur
就職する	しゅうしょくする	obtenir un emploi
自分では	じぶんでは	personnellement, à ma propre manière
ゲーム		jeu
うがい		gargarisme
ビタミンＣ	ビタミンシー	vitamine C
とる ［ビタミンを～］		prendre [des vitamines]
遠く	とおく	loin
太鼓	たいこ	tambour
けいこ		leçon, entraînement
サケ		saumon
着陸する	ちゃくりくする	atterrir
振る ［手を～］	ふる ［てを～］	agiter [la main]
タラップ		passerelle
ようこそ		bienvenue
ビジネスマナー		savoir-vivre dans les affaires
セミナー		séminaire
案内	あんない	information, description
費用	ひよう	frais
交渉する	こうしょうする	négocier
条件	じょうけん	condition
制度	せいど	système

メンタルトレーニング		training mental
取り入れる	とりいれる	adopter, intégrer
ビジネス		affaires
レベル		niveau
週	しゅう	semaine
全額	ぜんがく	somme totale
半額	はんがく	moitié de la somme
出す［費用を〜］	だす［ひようを〜］	payer [les frais]
それでは		Dans ce cas-là
期間	きかん	durée
日時	にちじ	la date et l'heure
授業料	じゅぎょうりょう	frais de formation
〜料	〜りょう	frais de 〜
日にち	ひにち	dates
担当者	たんとうしゃ	personne en charge
延期する	えんきする	reporter, repousser
買い換える	かいかえる	remplacer en achetant un nouveau
講演会	こうえんかい	conférence
〜会［講演〜］	〜かい［こうえん〜］	réunion [pour une conférence]
上司	じょうし	supérieur, chef
つかむ		saisir
そのような		ce genre de
想像する	そうぞうする	imaginer
イメージする		imaginer, visualiser
具体的［な］	ぐたいてき［な］	concret
理想	りそう	idéal
近づく	ちかづく	approcher
こそあど		Série de mots démonstratifs et interrogatifs commençant par une des syllabes こ, そ, あ, ど.
指す	さす	désigner, indiquer
記者会見	きしゃかいけん	conférence de presse

記者	きしゃ	journaliste
会見	かいけん	interview, entrevue
〜ごっこ		jouer à 〜
キャベツ		chou
暗い[気持ちが〜]	くらい[きもちが〜]	triste, morose
世の中	よのなか	le monde
アホ		imbécile, idiot
見える[アホに〜]	みえる	sembler, apparaître [idiot]
ビジネスマン		homme d'affaires
同じような	おなじような	semblable, même genre de
閉じる	とじる	fermer
トレーニング		training, entraînement
つまり		c'est-à-dire
過去	かこ	passé
向き合う	むきあう	se mettre face à face
そうすれば		Si vous faites cela, alors
現在	げんざい	présent, aujourd'hui
そこから		à partir de là
解決する	かいけつする	résoudre
プラン		plan, projet
立てる [プランを〜]	たてる	dresser [un plan]
順番	じゅんばん	ordre

いやあ、……。	Non ...
今ちょっとよろしいでしょうか。	Avez-vous un moment à m'accorder?
実は〜のことなんですが、……。	En fait, c'est à propos de 〜, ...

> Expression utilisée pour annoncer le sujet que l'on veut aborder lors d'une négociation ou d'une demande.

ふうん。	Ah bon?

もし～が無理なら、……。　　　　　Si c'est trop demander de ～ , ...

Négocier pour obtenir une permission en proposant une alternative.

──

「ちょうちょ」　　　papillon : chanson pour enfants.

スバル　　　　　　　les pléiades : amas d'étoiles dont la constellation du Taureau, visible à l'œil nu.

日本留学試験　　　　test d'admission à l'université japonaise : Test pour évaluer la compétence en japonais et dans les matières de base pour les élèves étrangers qui souhaitent entrer dans les universités japonaises.

羽田空港　　　　　　Aéroport de Haneda : Aéroport qui se trouve dans la préfecture de Tokyo.

Leçon 7

出す [料理を～]	だす [りょうりを～]	servir [le repas]
歓迎会	かんげいかい	réception de bienvenue
招待状	しょうたいじょう	lettre d'invitation
ラーメン		ramen (nouille chinoise dans le bouillon)
折り紙	おりがみ	pliage de papier
ピンク		rose
送別会	そうべつかい	réception de départ
中華レストラン	ちゅうかレストラン	restaurant chinois
留学生会	りゅうがくせいかい	association des étudiants étrangers
～会 [留学生～]	～かい [りゅうがくせい～]	association ～ [des étudiants étrangers]
会長	かいちょう	président (de l'association)
点数	てんすう	notes, points,
たいした		[ce n'est pas] grave
悪口	わるぐち	médisance
夫婦	ふうふ	couple marié
～げんか [夫婦～]	[ふうふ～]	dispute [entre mari et femme], scène de ménage,
医学部	いがくぶ	faculté de médecine
～部 [医学～]	～ぶ [いがく～]	faculté de [médecine]
ライオン		lion
喜ぶ	よろこぶ	se réjouir
冗談	じょうだん	plaisanterie
～たち [子ども～]	[こども～]	(suffixe de pluriel) [les enfants]
お化け	おばけ	fantôme, monstre
いじめる		intimider, maltraiter
感心する	かんしんする	admirer
親	おや	parent(s)
あらためて		de nouveau, à nouveau
一周	いっしゅう	un tour

～山	～さん	le mont (ex. le mont Fuji)
芝居	しばい	théâtre
せりふ		rôle, texte
泣く	なく	pleurer d'émotion
アニメ		dessin animé, film d'animation
感動する	かんどうする	être ému
講演	こうえん	conférence
譲る	ゆずる	céder
ツアー		circuit, voyage organisé
きつい［スケジュールが～］		être chargé [le programme]
フリーマーケット		marché aux puces
遠慮する	えんりょする	décliner
表す	あらわす	exprimer
失礼	しつれい	impolitesse
受ける［誘いを～］	うける［さそいを～］	recevoir [une invitation]
着付け教室	きつけきょうしつ	cours pour apprendre à mettre le kimono
待ち合わせる	まちあわせる	se donner rendez-vous
空く［時間が～］	あく［じかんが～］	être disponible, [avoir du temps libre]
交流会	こうりゅうかい	réunion conviviale
いろんな		divers, varié
ゼミ		séminaire
せっかく		gentiment (exprimant le sentiment de regret que cela ne soit pas récompensé)
今回	こんかい	cette fois
同僚	どうりょう	collègue
登山	とざん	alpinisme, ascension
紅葉	こうよう	feuillage rouge et jaune de l'automne
見物	けんぶつ	visite
音楽会	おんがくかい	concert, récital
まんじゅう		gâteau à la vapeur farcie (à la pâte de haricot rouge sucré, etc.)
ヘビ		serpent

毛虫	けむし	chenille
いばる		se vanter, être hautain
震える	ふるえる	trembler
すると		alors
おれ		moi (langage familier masculin)
〜ぐらい		au moins
お前	おまえ	toi (langage masculin, plus grossier que「きみ」)
丸い	まるい	rond
いや		non, si
震え出す	ふるえだす	se mettre à trembler
助ける	たすける	aider, sauver
次々に	つぎつぎに	l'un(e) après l'autre
目の前	めのまえ	devant quelqu'un
ポツリと		en murmurant quelques mots
ホームページ		site web
笑い話	わらいばなし	histoire comique
落語	らくご	rakugo (art traditionnel japonais de conter une histoire comique avec des mimes)

本当（ほんとう）ですか。	Est-ce que c'est vrai?
ぜひお願（ねが）いします。	Avec grand plaisir.

Accepter l'invitation avec plaisir.

せっかく誘（さそ）っていただいたのに、申（もう）し訳（わけ）ありません。今回（こんかい）は遠慮（えんりょ）させてください。	Je suis très touché par votre invitation, mais je dois m'excuser cette fois-ci.

Décliner poliment une invitation en manifestant un grand regret.

……かい？	suffixe indiquant une question (registre familier).
助（たす）けてくれ！	Au secours !

Leçon 8

眠る	ねむる	dormir
黙る	だまる	se taire
取る［ノートを～］	とる	prendre [des notes]
盗む	ぬすむ	voler
焦げる	こげる	brûler
枯れる	かれる	se faner
平凡［な］	へいぼん［な］	banal, ordinaire
人生	じんせい	vie
免許	めんきょ	permis
取る［免許を～］	とる［めんきょを～］	obtenir [le permis]
退職する	たいしょくする	prendre sa retraite
もったいない		gaspillage
鍋	なべ	casserole, marmite
ことば遣い	ことばづかい	langage, termes utilisés, façon de parler
生	なま	cru
専門的［な］	せんもんてき［な］	spécialisé
社会勉強	しゃかいべんきょう	apprentissage de la vie
高校生	こうこうせい	lycéen(ne)
迷子	まいご	se perdre, enfant perdu
しま		rayure
花柄	はながら	motifs de fleurs
チェック		carreaux
スカート		jupe
無地	むじ	uni
水玉	みずたま	pois
リュック		sac à dos
背負う	せおう	porter sur le dos
サービスカウンター		comptoir d'accueil
姪	めい	nièce

特徴	とくちょう	caractéristique, particularité
身長	しんちょう	taille
ジーンズ		jean
髪型	かみがた	coiffure
肩	かた	épaule
持ち物	もちもの	affaires personnelles
水色	みずいろ	bleu clair
折りたたみ	おりたたみ	pliable
青地	あおじ	fond bleu
〜地	〜じ	fond 〜
持つところ	もつところ	manche
プラスチック		plastique
途上国	とじょうこく	pays en voie de développement
先進国	せんしんこく	pays développé
プラス		avantage, positif
マイナス		négatif
共通	きょうつう	commun
関心	かんしん	intérêt
多様化	たようか	diversification
タイトル		titre
反対に	はんたいに	au contraire
前後	ぜんご	avant et après, devant et derrière
対象	たいしょう	cible
少女	しょうじょ	petite fille, fillette
アイディア		idée
輝く	かがやく	briller, étinceler, rayonner
浮力	ふりょく	poussée d'Archimède
少年	しょうねん	garçon
キノコ雲	キノコぐも	champignon atomique
時に	ときに	parfois, quelquefois
ダメージ		dommage

与える[ダメージを～]	あたえる	causer [un dommage]
ひげ		barbe, moustache
伸びる	のびる	pousser
発展する	はってんする	se développer
ページ		page
魅力	みりょく	attrait
豊か[な]	ゆたか[な]	riche, abondant
受ける[ダメージを～]	うける	subir [un dommage]
テーマ		thème, sujet
述べる	のべる	dire, mentionner

確か、～たと思います。　　Si ma mémoire est bonne, c'était ～.

> Expliquer quelque chose en se rappelant de l'apparence d'une personne ou d'un objet.

ナイジェリア	Nigeria
トリニダードトバゴ	Trinité-et-Tobago
インド	Inde
ウガンダ	Ouganda

Leçon 9

決まる	きまる	être décidé
済む	すむ	se terminer
印鑑	いんかん	sceau
サイン		signature
性能	せいのう	performance, qualité
タイプ		type, modèle
機能	きのう	fonction
平日	へいじつ	jours de la semaine, jours ouvrés
将棋	しょうぎ	shogi (jeu japonais qui ressemble aux échecs)
自慢する	じまんする	être fier, se vanter
豚肉	ぶたにく	porc
牛肉	ぎゅうにく	bœuf
バレーボール		volley-ball
気温	きおん	température
降水量	こうすいりょう	précipitation
月別	つきべつ	par mois
平均	へいきん	moyenne
予防注射	よぼうちゅうしゃ	vaccination
国々	くにぐに	des pays (pluriel)
都市	とし	ville
入国する	にゅうこくする	entrer dans un pays
資源	しげん	ressources
とれる［米が〜］	［こめが〜］	être produit, récolté [le riz]
大雪	おおゆき	grande chute de neige
乾燥する	かんそうする	sécher, être sec
道路	どうろ	route
どんどん		rapidement
最後	さいご	fin

9

生きる	いきる	vivre
誕生	たんじょう	naissance
実現する	じつげんする	se réaliser
金メダル	きんメダル	médaille d'or
金	きん	or
メダル		médaille
バスケットボール		basket-ball
選手	せんしゅ	joueur, athlète
シンプル［な］		simple
書き込み	かきこみ	écrit, inscrit
検索	けんさく	recherche
例文	れいぶん	phrase type
ジャンプ機能	ジャンプきのう	fonction jump (une des fonctions du dictionnaire électronique, permettant de passer d'un dictionnaire à l'autre avec un simple clic)
ジャンプ		saut
商品	しょうひん	article, marchandise
～社	～しゃ	société ～
国語辞書	こくごじしょ	dictionnaire de la langue japonaise
和英辞書	わえいじしょ	dictionnaire japonais-anglais
載る［例文が～］	のる［れいぶんが～］	figurer [la phrase type]
シルバー		argent
付け加える	つけくわえる	ajouter
編集する	へんしゅうする	éditer
しっかり		correctement, fidèlement
留守番をする	るすばんをする	garder la maison (pendant l'absence)
柄	がら	motif, dessin
共通語	きょうつうご	langue commune
演奏	えんそう	interprétation
特許	とっきょ	brevet
倒産	とうさん	faillite
大金持ち	おおがねもち	milliardaire

誇る	ほこる	être fier
表れる	あらわれる	apparaître, être exprimé
今では	いまでは	maintenant, aujourd'hui
ＴＳＵＮＡＭＩ	ツナミ	tsunami (raz de marée)
影響	えいきょう	influence
有名人	ゆうめいじん	personnage célèbre
録音する	ろくおんする	enregistrer
ヒント		source d'inspiration
貸し出す	かしだす	louer
ところが		mais, or
競争	きょうそう	concurrence, compétition
性別	せいべつ	sexe
地域	ちいき	région
関係なく	かんけいなく	indépendamment
娯楽	ごらく	divertissement
［お］年寄り	［お］としより	personne âgée
仲間	なかま	ami (camarade, collègue)
心	こころ	esprit, mental
治す	なおす	guérir
単なる	たんなる	simple
きっかけ		occasion, catalyseur
交流協会	こうりゅうきょうかい	association d'échange
広報誌	こうほうし	bulletin des relations publiques
暮らし	くらし	vie
役立つ	やくだつ	utile
参加者	さんかしゃ	participant

こうやって	de cette façon, comme ça
〜だけじゃなくて、〜のがいいんですが……。	Je voudrais (un objet) non seulement 〜 mais aussi 〜 ...

Ajouter un souhait ou une condition pour l'achat d'un objet.

9

それでしたら、～（の）がよろしいんじゃないでしょうか。	Dans ce cas-là, que diriez-vous de ～ ?
ほとんど変わりませんね。	Il n'y a presque pas de différences.
～で、～はありませんか。	Auriez-vous ～ de ～ ?

> Demander un autre type d'article que celui qui est proposé par le vendeur mais avec les mêmes conditions.

ドラえもん	Doraemon : personnage d'un manga. Ce manga est adapté en anime et traduit en différentes langues. Doraemon est populaire dans le monde entier.
アインシュタイン	Albert Einstein : physicien théoricien allemand (naturalisé Américain) et lauréat du prix Nobel de physique. 1879-1955.
タイム	*Time* : magazine d'information hebdomadaire américain, publié dans une trentaine de pays.
ガンジー	Mohandas Karamchand Gandhi: homme politique et penseur indien. 1869-1948.
毛沢東	Mao Zedong : homme politique et penseur chinois qui a fondé la République populaire de chine. 1893-1976.
黒澤 明	Akira Kurosawa : metteur en scène. Son œuvre le plus connu est « les sept Samouraïs ». 1901-1998.
井上大佑	Daisuke Inoue : inventeur du Karaoké. 1949 ～ .
8 ジューク	Premier modèle de l'appareil de Karaoké inventé par Daisuke Inoue en 1971.
曲がるストロー	paille pliable : inventée par Takao Sakata s'inspirant de la forme d'orifice d'échappement « accordéon » et breveté. Il a eu cette idée en voyant son ami malade et alité en train de boire difficilement avec une paille droite.
プルトップリング	anneau d'ouverture : languette en forme d'anneau à tirer, permettant l'ouverture facile d'une canette.

Leçon 10

もうける [お金を〜]	[おかねを〜]	gagner [de l'argent]
見かける	みかける	apercevoir
否定する	ひていする	nier
タイムマシン		machine à remonter le temps
宝くじ	たからくじ	loterie
当たる [宝くじが〜]	あたる [たからくじが〜]	gagner [à la loterie]
ワールドカップ		coupe du monde
カエル		grenouille
計画	けいかく	plan, projet
実際	じっさい	réalité
めったに		presque jamais, rarement
通じる [電話が〜]	つうじる [でんわが〜]	ne pas fonctionner [le téléphone]
時間通りに	じかんどおりに	à l'heure
かかる [エンジンが〜]		être démarré [le moteur]
鬼	おに	ogre, diable
怒る	おこる	se fâcher
CO_2	シーオーツー	CO_2
抽選	ちゅうせん	tirage au sort
一等	いっとう	la première place, le premier prix
投票	とうひょう	vote
[お] 互いに	[お] たがいに	mutuellement
出す [修理に〜]	だす [しゅうりに〜]	laisser [en réparation]
聞き返す	ききかえす	redemander ce qu'on n'a pas compris
てっきり		certainement
倉庫	そうこ	entrepôt, dépôt

プリンター		imprimante
入る［電源が～］	はいる［でんげんが～］	être établi [le courant]
マニュアル		manuel
親しい	したしい	intime, familier
驚く	おどろく	être surpris, s'étonner
～代［60～］	～だい	～ aine d'années [soixantaine]
誤解	ごかい	malentendu
記憶	きおく	mémoire
型	かた	type
～型	～がた	type ～
落とし物	おとしもの	objet perdu
転ぶ	ころぶ	tomber, trébucher
奇数	きすう	nombre impair
偶数	ぐうすう	nombre pair
ぼんやりする		être distrait, rêvasser
あわて者	あわてもの	étourdi
ミス		erreur
これら		ceux-ci
ヒューマンエラー		faute humaine
手術	しゅじゅつ	opération
患者	かんじゃ	patient
心理学者	しんりがくしゃ	psychologue
おかす［ミスを～］		commettre [une erreur]
うっかりミス		erreur d'inattention
うっかり		étourderie, inattention
こういう		ce type de (ceci) (cf. ああいう : ce type de (cela))
チェックリスト		liste des choses à faire
手がかり	てがかり	indice, clé
一方	いっぽう	d'autre part
深く ［～呼吸する］	ふかく ［～こきゅうする］	profondément [respirer]

指	ゆび	doigts
聖人君子	せいじんくんし	personnage vertueux idéal
うそつき		menteur
または		ou bien
エラー		erreur
困った人	こまったひと	personne incorrigible
完成する	かんせいする	achever
つながる ［出来事に～］	［できごとに～］	mener à [un événement]
出来事	できごと	événement
不注意	ふちゅうい	inattention
引き起こす	ひきおこす	causer, provoquer

どういうことでしょうか。	C'est à quel propos?

> Exprimer un sentiment de perplexité par rapport à ce que l'on vient de vous dire.

そんなはずはありません。	Cela ne peut pas être possible!
てっきり～と思っていました。	J'avais cru que ～.

> Dire à l'interlocuteur ce que vous avez cru jusqu'à présent en exprimant un sentiment de perplexité face à la vérité.

気を悪くする	prendre mal, se vexer
わかってもらえればいいんです。	Il n'y a pas de problème si vous avez compris.

ＪＲ	abréviation de Japan Railways (chemin de fer japonais).
沖縄県 (おきなわけん)	préfecture d'Okinawa : préfecture la plus au sud du Japon, composée de l'ile principale d'Okinawa et des diverses îles de Ryukyu. Sa capitale se situe à Naha.

マザー・テレサ	Mère Teresa : une religieuse catholique albanaise qui a mené des travaux humanitaires pour la population indienne. 1910-1997.
新宿(しんじゅく)	Shinjuku : un des principaux centres-villes de Tokyo. La mairie de Tokyo y est installée depuis 1991.
リーズン	James Reason : psychologue anglais. Auteur de *Human error* (erreur humaine) et *Managing the risks of organizational accidents* (gérer les risques d'accidents d'organisation), etc.

Leçon 11

ますます		de plus en plus
企業	きぎょう	entreprise
今後	こんご	désormais
方言	ほうげん	dialecte
普及する	ふきゅうする	se propager, se généraliser
建つ	たつ	se construire
大家族	だいかぞく	grande famille
大〜［〜家族］	だい〜［〜かぞく］	grande [famille]
パックツアー		voyage organisé
個人	こじん	individu
いかにも		vraiment, tout à fait
入学式	にゅうがくしき	cérémonie d'entrée à l'école
派手［な］	はで［な］	voyant
元気	げんき	vitalité, moral
出す［元気を〜］	だす［げんきを〜］	reprendre [des forces, le moral]
広告	こうこく	publicité
美容院	びよういん	salon de coiffure
車いす	くるまいす	fauteuil roulant
寄付する［病院に車いすを〜］	きふする［びょういんにくるまいすを〜］	faire don [d'un fauteuil roulant à l'hôpital]
グレー		gris
地味［な］	じみ［な］	sobre, discret
原爆	げんばく	bombe atomique
ただ一つ	ただひとつ	un seul
恐ろしさ	おそろしさ	horreur
ダイナマイト		dynamite
自宅	じたく	son domicile
あわてる		s'affoler, se précipiter
落ち着く	おちつく	se calmer, reprendre son sang-froid

行動する	こうどうする	agir, se comporter
のんびりする		passer du temps tranquillement, sans se presser
シューズ		chaussures
つながる		avoir une communication [au téléphone]
［電話が〜］	［でんわが〜］	
遺跡	いせき	vestige, ruine
発掘	はっくつ	fouille
これまでに		jusqu'à présent
南極	なんきょく	pôle Sud
探検	たんけん	expédition, exploration
世界遺産	せかいいさん	patrimoine mondial
価値	かち	valeur
やっぱり		tout compte fait (style parlé de「やはり」)
流氷	りゅうひょう	glaces flottantes
自由行動	じゆうこうどう	activités libres (visite, etc.)
提案する	ていあんする	proposer, suggérer
軽く	かるく	[faire des] petits [exercices physiques]
［〜体操する］	［〜たいそうする］	
乗り物	のりもの	véhicule, moyen de transport
酔う［乗り物に〜］	よう［のりものに〜］	avoir mal (au cœur) [de transport]
コメント		commentaire
さらに		de plus, en outre
仮装	かそう	déguisement
染める	そめる	teindre
黄金	おうごん	or
伝説	でんせつ	légende
いくつか		quelques
屋根	やね	toit
農作物	のうさくぶつ	produits agricoles
金銀	きんぎん	or et argent
治める	おさめる	gouverner

掌	てのひら	paume
後半	こうはん	dernière partie
くぎ		clou
村人	むらびと	villageois
かける［費用を～］	［ひようを～］	dépenser [des frais]
向き	むき	direction
抵抗	ていこう	résistance
～層	～そう	～ couches
蚕	かいこ	ver à soie
火薬	かやく	poudre à canon
製造する	せいぞうする	fabriquer
送る［生活を～］	おくる［せいかつを～］	mener [une vie]
家内産業	かないさんぎょう	industrie familiale
年貢	ねんぐ	tribut
期待する	きたいする	espérer, escompter
地	ち	lieu, terre
前半	ぜんはん	première partie
やってくる		arriver
住み着く	すみつく	s'installer
一族	いちぞく	famille, clan
～城 ［帰雲～］	～じょう ［かえりくも～］	Château ～ [de Kaerikumo]
城	しろ	Château
掘り当てる	ほりあてる	découvrir (ex. or, pétrole)
権力者	けんりょくしゃ	personne puissante, personne influente
飢きん	ききん	famine
～軒	～けん	(auxiliaire numéral pour compter des maisons)
数百人	すうひゃくにん	quelques centaines de personnes (cf. 数十人(すうじゅうにん): ～ quelques dizaines de personnes, 数千人(すうせんにん): ～ quelques milliers de personnes)
一人残らず	ひとりのこらず	toutes jusqu'à la dernière personne
消える	きえる	périr

保管する	ほかんする	conserver
兆	ちょう	mille milliards
分ける [いくつかに〜]	わける	diviser [en plusieurs parties]
積もる [雪が〜]	つもる [ゆきが〜]	s'accumuler [la neige]
気候	きこう	climat
観光案内	かんこうあんない	renseignement/guide touristique
観光地	かんこうち	site touristique

| 〜っていうのはどうですか。 | Que diriez-vous de 〜 ? |

Quand une personne demande un conseil, cette expression indique que le locuteur fait une suggestion, en laissant le choix de décision à cette personne.

それも悪くないですね。	Ce n'est pas mal non plus.
それもそうですね。	Ce n'est pas faux.
けど、……。	Mais ...
それも悪くないですけど……。	Ce n'est pas une mauvaise idée non plus, mais ...

Donner son opinion tout en admettant que l'opinion de son interlocuteur est aussi acceptable.

ノーベル	Alfred Bernhard Nobel : scientifique suédois, qui a inventé la dynamite. 1833-1896.
モーツァルト	Wolfgang Amadeus Mozart : compositeur autricien qui a composé plus de 600 morceaux dont l'opéra « Le mariage de Figaro ». 1756-1791.
首里城 (しゅりじょう)	Château de Shuri : ancien château du Royaume de Ryukyu à Shuri, Okinawa.
雪祭り (ゆきまつり)	festival de la neige : festival touristique de Sapporo (Hokkaido), réputée pour ses sculptures de neiges géantes et ses arbres illuminés.
白川郷 (しらかわごう)	Shirakawa-go : village de montagne en aval du fleuve Sho, dans la préfecture de Gifu, où autrefois les familles vivaient dans de grandes maisons de style gassho-zukuri.

白神山地	Shirakami sanchi : région montagneuse frontalière entre les préfectures d'Aomori et d'Akita. Connue par sa grande forêt d'hêtres.
厳島神社	Sanctuaire Itsukushima : sanctuaire à Miyajima dans la préfecture d'Hiroshima, construit dans la mer. Lieu riche en histoire de par ses trésors nationaux.
屋久島	Yakushima : une des iles d'Osumi de la préfecture de Kagoshima, couverte d'une forêt vierge de cèdres vieille de plus de mille ans.
知床	Shiretoko : longue et fine péninsule de la pointe nord-est de Hokkaido, donnant sur la mer d'Okhotsk et bordée de falaise.
原爆ドーム	Dome de Genbaku : mémorial de la paix d'Hiroshima (en mémoire du bâtiment détruit par la bombe atomique le 6 août 1945).
合掌造り	Gassho-zukuri : style d'architecture d'habitations de la région d'Hida, pour les grandes familles et la sériculture. Les toits sont raides pour permettre l'évacuation de la neige.
江戸時代	Période Edo : identique à la période de Tokugawa, avec un shogunat installé à Edo (actuellement Tokyo). 1603-1867.
内ヶ嶋為氏	Uchigashima Tameuji : commandant militaire de la période de Muromachi qui a construit le château Kaerikumo à Shirakawa-go.
帰雲城	Château de Kaerikumo : construit par Uchigashima Tameuji à Shirakawa-go dans la préfecture de Gifu vers 1464. Detruit en 1586 par un grand tremblement de terre Tensho.
織田信長	Oda Nobunaga : chef militaire de la période Sengoku Azuchi-Momoyama. 1534-1582.

Leçon 12

演奏会	えんそうかい	concert
報告書	ほうこくしょ	compte rendu
あくび		bâillement
犯人	はんにん	coupable
追いかける	おいかける	poursuivre
作業	さぎょう	travail
スープ		soupe
こぼす		renverser
シャッター		rideau de fer
スプレー		bombe, vaporisateur
落書きする	らくがきする	faire un graffiti, tagger
夜中	よなか	au milieu de la nuit
日	ひ	rayon du soleil
当たる［日が〜］	あたる［ひが〜］	ensoleillé
暮らす	くらす	vivre
書道	しょどう	calligraphie
蛍光灯	けいこうとう	lampe fluorescente
メニュー		menu
バイク		moto
目覚まし時計	めざましどけい	réveil
鳴る	なる	sonner
温暖［な］	おんだん［な］	tempéré, doux
家事	かじ	travaux ménagers
ぐっすり［〜眠る］	［〜ねむる］	profondément [dormir]
迷惑	めいわく	nuisance
かける［迷惑を〜］	［めいわくを〜］	causer [des ennuis]
風邪薬	かぜぐすり	médicament pour le rhume
乗り遅れる	のりおくれる	manquer (ex. le train)
苦情	くじょう	plainte

遅く	おそく	tard
[お]帰り	[お]かえり	retour à la maison
あまり		trop
どうしても		inévitablement, forcément
自治会	じちかい	association des habitants
役員	やくいん	représentant
ＤＶＤ	ディーブイディー	DVD
座談会	ざだんかい	table ronde
カルチャーショック		choc des cultures
受ける [ショックを～]	うける	recevoir [un choc]
それまで		jusqu'alors
騒々しい	そうぞうしい	bruyant
アナウンス		annonce
分かれる [意見が～]	わかれる [いけんが～]	diverger [opinions]
奥様	おくさま	madame
おいでいただく		accepter de venir
苦労	くろう	difficulté, souci
中略	ちゅうりゃく	passage omis
おかしな		amusant
サンダル		sandale
ピーピー		sifflement (de la bouilloire)
たまらない		je ne peux pas supporter de ..., trop ...
都会	とかい	ville
住宅地	じゅうたくち	quartier résidentiel
虫	むし	insecte
虫の音	むしのね	cri d'insecte
車内	しゃない	dans le train
ホーム		quai
加える	くわえる	ajouter

さっぱり［〜ない］		pas du tout [négation]
乗客	じょうきゃく	voyageur, passager
安全性	あんぜんせい	sécurité
配慮する	はいりょする	prendre en considération
含む	ふくむ	inclure
チャイム		carillon, sonnerie
発車ベル	はっしゃベル	signal de départ
必ずしも［〜ない］	かならずしも	[pas] toujours/nécessairement
近所づきあい	きんじょづきあい	fréquentation entre voisins
コマーシャル		publicité

気がつきませんでした。	je ne me suis pas rendu compte.
どうしても……	inévitablement ...

> Après avoir réfléchi à différentes circonstances, le locuteur juge qu'il est impossible de faire autrement.

それはわかりますけど、……	Je comprends bien, mais ...

> Le locuteur montre sa compréhension sur la position de l'interlocuteur, mais exprime tout de même son ennui.

どちらかと言えば……	Dans l'ensemble ... / plutôt ...
いい勉強になる	servir pour apprendre

....

ハンガリー	Hongrie
ブダペスト	Budapest
バンコク	Bangkok
宇都宮	Utsunomiya : ville capitale de la préfecture de Tochigi, située au centre de celle-ci.
浦安	Urayasu : ville satellite située dans la baie de Tokyo, au nord-ouest de la préfecture de Chiba, où se situe le parc de DisneyLand Tokyo.

Deuxième partie
Explications grammaticales

Leçon 1

1. ～てもらえませんか・～ていただけませんか
～てもらえないでしょうか・～ていただけないでしょうか

Vて -forme + { もらえませんか／いただけませんか
もらえないでしょうか／いただけないでしょうか

「～てもらえませんか」et「～ていただけませんか」sont utilisés pour demander poliment à quelqu'un de faire quelque chose.

① ちょっとペンを貸してもらえませんか。
   Pourriez-vous me prêter votre stylo ?
② コピー機の使い方を教えていただけませんか。
   Auriez-vous la gentillesse de m'expliquer comment utiliser la photocopieuse ?

Réf: 「～ていただけませんか (requête polie)」:
いい先生を紹介していただけませんか。   (☞『みんなの日本語初級Ⅱ』leçon 26)

「～てもらえないでしょうか」et「～ていただけないでしょうか」sont plus polis et plus atténués que「～てもらえませんか」et「～ていただけませんか」.

③ すみません、子どもが寝ているので、もう少し静かにしてもらえないでしょうか。
   Excusez-moi, mon enfant dort. Serait-il possible de faire moins de bruit ?
④ 申し訳ございませんが、子どもを預っていただけないでしょうか。
   Je suis désolé de vous déranger, auriez-vous la gentillesse de garder mon enfant?

2. ～のようだ・～のような～・～のように…
(comparaison, exemplification)

Nの + { ようだ
ようなN
ようにV／いA／なA

「N₁ は N₂ のようだ」s'emploie pour comparer la caractéristique de N₁ à celle de N₂ (comparaison).

① あの病院はホテルのようだ。   Cet hôpital est comme l'hôtel.
② このお酒はジュースのようだ。   Ce cocktail est comme un jus.

La structure 「N₂ のような N₁」 est utilisée lorsque 「N₂ のような」 modifie le nom N₁.
③ 田中さんはホテルのような病院に入院している。

   M. Tanaka est hospitalisé dans un hôpital qui a l'air d'un hôtel.
④ わたしはジュースのようなお酒しか飲まない。

   Je ne bois que de l'alcool qui ressemble à du jus.

De plus, on peut utiliser la structure 「N₁ は N₂ のように」 devant un verbe ou un adjectif.
⑤ 田中さんが入院している病院はホテルのようにきれいだ。

   L'hôpital où M. Tanaka est hospitalisé est beau comme un hôtel.
⑥ このお酒はジュースのように甘い。

   Ce cocktail est doux comme du jus.

「N₂ のような N₁」 s'emploie également pour décrire la caractéristique de N₁ en mentionnant N₂ comme exemple. (Exemplification)
⑦ 夫は、カレーのような簡単な料理しか作れません。

   Mon mari ne peut cuisiner que des plats simples tels que le curry.
⑧ 「アポ」のような外来語は、外国人にはとても難しい。

   Les mots d'origine étrangère tels que « apo » sont très difficiles pour les étrangers.

Réf: 「…ようだ (Jugement basé sur la circonstance)」:
人が大勢集まっていますね。
…事故のようですね。パトカーと救急車が来ていますよ。

(☞『みんなの日本語初級 II』Leçon 47)

3. ～ことは／が／を

V en forme dictionnaire ＋ こと ＋ は／が／を

L'ajout de 「～こと」 après un verbe en forme dictionnaire est utilisé pour nominaliser.
① 朝早く起きることは健康にいい。　Se réveiller tôt le matin est bon pour la santé.
② 田中さんは踊ることが好きです。　M. Tanaka aime danser.
③ 優勝することを目指しています。　Nous visons de gagner le championnat.

Réf: 「V en forme dictionnaire ＋ことができます／ことです」:
わたしはピアノを弾くことができます。
わたしの趣味は映画を見ることです。

(☞『みんなの日本語初級 I』Leçon 18)

4. ～を～と言う

N₁をN₂と言う

Cette structure s'emploie pour désigner le nom (N₂) d'une chose ou d'un fait (N₁)

① 1月1日を元日と言います。

   Le premier janvier se dit « ganjitsu » (jour de l'an).

② 正月に神社やお寺に行くことを初詣でと言う。

   On appelle « hatsumode » la visite aux temples shinto ou bouddhistes le nouvel an.

5. ～という～

N₁というN₂

Cette construction s'emploie pour mentionner dans une conversation ou un texte, une chose ou une personne (N₁) que le locuteur suppose que son interlocuteur ne connait pas. N₁ est un nom propre et N₂ est un nom commun.

① 夏目漱石という小説家を知っていますか。

   Connaissez-vous un écrivain qui s'appelle Soseki Natsume ?

② 昨日、「スター・ウォーズ」という映画を見ました。

   Hier, j'ai vu un film qui s'appelle « Star Wars ».

6. いつ／どこ／何／だれ／どんなに～ても

```
Vて-forme
いA  －い → くて  ⎫
なA         ⎬ + も
      ⎫ + で ⎭
N     ⎭
```

Ces structures expriment ce qui arrive dans toutes circonstances. On utilise 「ても」 après les mots tels que 「いつ」「どこ」「何」「だれ」「どんなに」.

① 世界中どこにいても家族のことを忘れません。

   Je n'oublie jamais ma famille où que je sois dans le monde.

② 何度聞いても同じことしか教えてくれない。

   Qu'importe le nombre de fois que je lui demande, il me répond toujours la même chose.

③ だれが何と言っても考えを変えません。

   Peu importe ce qu'on me dit, je ne changerai pas d'opinion.

④ どんなに高くても買いたいです。

　　Je veux l'acheter aussi cher qu'il soit.

Avec un nom, les constructions prennent les formes suivantes :「どんな N でも」,「どの N でも」et「どんなに～N でも」.

⑤ どんな人でも優しい心を持っているはずだ。

　　Qui que ce soit doit avoir un bon cœur.

⑥ 正月になると、どの神社でも人がいっぱいだ。

　　Au nouvel an, tous les temples sont bondés.

⑦ どんなに丈夫なかばんでも長く使えば、壊れてしまうこともある。

　　Même un sac solide, si on l'utilise longtemps, il peut arriver qu'il se casse.

　Réf:　「～ても (adversatif)」：いくら考えても、わかりません。

(☞『みんなの日本語初級Ⅰ』Leçon 25)

話す・聞く

～じゃなくて、～

「N1 じゃなくて、N2」s'emploie pour nier N1 et proposer N2 à sa place.

① これはペンじゃなくて、チョコレートです。食べられますよ。

　　Ce n'est pas un stylo mais un chocolat. On peut le manger.

② 京都ではお寺を見ましょうか。

　　A Kyoto, allons-nous voir les temples ?

　…お寺じゃなくて、若い人が行くようなにぎやかなところに行きたいです。

　　...Plutôt que des temples, j'aimerais aller dans des endroits animés tels que des endroits fréquentés par des jeunes.

読む・書く

…のだ・…のではない

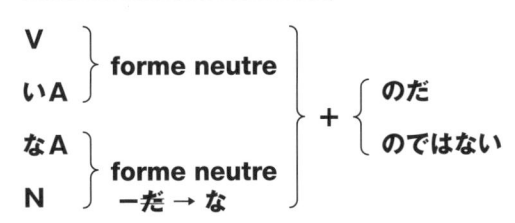

```
V
いA   } forme neutre
なA   } forme neutre        +  { のだ
N    } ―だ → な               { のではない
```

「…のです」peut être employé lorsqu'on exprime un résultat provenant d'une raison particulière ou d'un jugement basé sur un argument.

① 3時の飛行機に乗らなければなりません。それで、わたしは急いでいるのです。

Je dois prendre l'avion de 3 heures. Donc je suis pressé.

(raison ／ argument)　(だから／それで)　(résultat ／ jugement)

② 彼は日本に留学します。それで日本語を勉強しているのです。

Il va étudier au Japon. C'est pourquoi il étudie le japonais.

「…のではない」s'emploie pour nier toute la partie sauf la fin de la phrase. Par exemple, dans l'exemple 3, la partie « seul » est niée.

③ このレポートは一人で書いたのではありません。

Je n'ai pas écrit ce rapport seul.

cf.　×このレポートは一人で書きませんでした。

何人も、何回も、何枚も…

La structure「何 + auxiliaire numéral 助数詞（人、回、枚…）+ も」exprime un grand nombre.

① マンションの前にパトカーが何台も止まっています。

Devant la résidence, il y a beaucoup de voitures de police stationnées.

Leçon 2

1. (1) (2) 〜たら、〜た

Vたら、{V・A} た

(1)「Xたら、Yた」indique que Y s'est produit comme conséquence de l'action.

① 薬を飲んだら、元気になりました。

   Après avoir pris mon médicament, je me suis senti mieux.

② カーテンを変えたら、部屋が明るくなった。

   Après avoir changé le rideau, la pièce est devenue lumineuse.

(2) Cela peut également indiquer que Y a été découvert comme résultat d'une action X.

③ 家に帰ったら、猫がいなかった。

   Quand je suis rentré chez moi, mon chat n'était pas là.

④ かばんを開けたら、財布がなくなっていた。

   Quand j'ai ouvert mon sac, j'ai découvert que mon portefeuille n'était plus là.

⑤ 50年前の古いお酒を飲んでみたら、おいしかった。

   J'ai goûté le saké vieux de 50 ans et je l'ai trouvé délicieux.

La structure「Xと、Yた」peut exprimer les mêmes sens que (1) et (2).

⑥ 薬を飲むと、元気になりました。

   Après avoir pris mon médicament, je me suis senti mieux.

⑦ 家に帰ると、猫がいなかった。

   Quand je suis rentré chez moi, mon chat n'était pas là.

Réf:「〜たら (hypothèse)」：お金があったら、旅行します。

　　「〜たら (parfait)」：10時になったら、出かけましょう。

(☞『みんなの日本語初級Ⅰ』Leçon 25)

2. 〜というのは〜のことだ・〜というのは…ということだ

Nというのは { Nの / P (forme neutre) という } + ことだ

「Xというのは〜のことだ」et「Xというのは…ということだ」sont des expressions pour expliquer le sens d'un mot (X).

① 3Kというのは汚い、きつい、危険な仕事のことだ。

   « 3K » signifie un travail sale, pénible et dangereux.

② PCというのはパソコンのことです。

   « PC » signifie l'ordinateur personnel.

③ 禁煙というのはたばこを吸ってはいけないということです。

« 禁煙 » veut dire l'interdiction de fumer.

④ 駐車違反というのは車を止めてはいけない場所に車を止めたということです。

« 駐車違反 » signifie le fait que l'on ait stationné la voiture dans un stationnement interdit.

3. …という〜

P (forme neutre) + というN (nom indiquant l'énoncé et la pensée)

La forme「…という〜」est employée lorsqu'on désigne le contenu d'un nom indiquant l'énoncé ou la pensée tels que「話、うわさ、考え、意見、意志、批判、ニュース」(histoire, rumeur, pensée, opinion, intention, critique, nouvelle), etc.

① 昔ここは海だったという話を知っていますか。

Saviez-vous qu'on raconte qu'autrefois il y avait la mer ici ?

② 田中さんがもうすぐ会社を辞めるといううわさを聞きました。

J'ai entendu une rumeur selon laquelle M. Tanaka va bientôt quitter l'entreprise.

③ カリナさんは、研究室は禁煙にしたほうがいいという意見を持っている。

Karina est de l'avis qu'il vaille mieux que le laboratoire soit non-fumeur.

4. …ように言う／注意する／伝える／頼む

V en forme dictionnaire ⎫
Vない -forme   －ない ⎬ **ように + V（言う、注意する、伝える、頼む）**
                              (dire, avertir, transmettre, demander)

Cette structure s'emploie lorsqu'on reporte indirectement l'indication et la demande. Si l'on reporte directement le contenu de l'indication et de la demande, cela prend la forme「〜なさい」、「〜てはいけません」ou「〜てください」.

① 学生に図書館で物を食べないように注意しました。

J'ai averti les étudiants de ne pas manger dans la bibliothèque.

→ 学生に「図書館で物を食べてはいけません」と注意しました。

« Il ne faut pas manger dans la bibliothèque », ai-je averti les étudiants.

② この仕事を今日中にやるように頼まれました。

On m'a demandé de finir ce travail aujourd'hui.

→ 「この仕事を今日中にやってください」と頼まれました。

« Finissez ce travail aujourd'hui », m'a-t-on demandé.

③ 子どもたちに早く寝るように言いました。

J'ai dit aux enfants d'aller se coucher vite.

→ 子どもたちに「早く寝なさい」と言いました。

J'ai dit aux enfants : « Allez-vous coucher vite. »

Notons que ～なさい est une expression de l'indication et de l'ordre. Cette forme s'emploie dans des situations limitées telles que lorsque les parents parlent à leurs enfants. Elle s'emploie également dans la consigne de l'examen, par exemple.

5. ～みたいだ・～みたいな～・～みたいに… (comparaison, exemplification)

N { みたいだ
    みたいなN
    みたいに／Ｖ／いＡ／なＡ }

「～ようだ」et「～みたいだ」signifient la même chose, mais「みたいだ」s'emploie dans le texte de style familier.

① わあ、このお酒、ジュースみたいだね。　Tiens, on dirait que ce cocktail est un jus.

② わたしはジュースみたいなお酒しか飲まない。

Je ne bois que de l'alcool qui ressemble à du jus.

③ このお酒はジュースみたいに甘いよ。　Ce cocktail est doux comme un jus.

④ 夫は、カレーみたいな簡単な料理しか作れません。

Mon mari ne peut cuisiner que des plats simples tels que du curry.

Réf: 「～のようだ・～のような～・～のように…」：

あの病院はホテルのようだ。　　　　　　（☞『みんなの日本語中級Ⅰ』Leçon 1）

話す・聞く

～ところ

「ところ」signifie「～とき」(quand), mais s'emploie dans les expressions limitées telles que「お忙しいところ」(Quand vous êtes occupé),「お休みのところ」(Quand vous êtes en repos)「お急ぎのところ」(Quand vous êtes pressé)「お疲れのところ」(Quand vous êtes fatigué). On l'utilise lorsqu'on demande quelque chose à quelqu'un ou qu'on remercie.

① お忙しいところ、すみません。ちょっとお願いがあるんですが。

Je suis désolé de vous déranger alors que vous êtes occupé. J'ai quelque chose à vous demander.

② お休みのところ、手伝ってくださって、ありがとうございました。

Merci de m'avoir aidé alors que vous étiez en repos.

Leçon 3

1. ～（さ）せてもらえませんか・～（さ）せていただけませんか
～（さ）せてもらえないでしょうか・～（さ）せていただけないでしょうか

V（さ）せて ＋ { もらえませんか／いただけませんか
もらえないでしょうか／いただけないでしょうか }

Ces expressions sont utilisées lorsque le locuteur demande la permission de faire quelque chose.

① すみません。このパンフレットをコピーさせてもらえませんか。

Excusez-moi, puis-je faire la photocopie de cette brochure.

② 月曜日の店長会議で報告させていただけませんか。

Permettez-vous que je fasse un exposé durant la réunion des responsables de magasin lundi ?

③ 一度、工場を見学させていただけないでしょうか。

Permettez-vous que je fasse la visite de l'usine un jour ?

「～させていただけませんか」est plus poli que「～させてもらえませんか」.「～させていただけないでしょうか」est encore plus poli que「～させていただけませんか」

Réf:「～させていただけませんか（Expression de requête polie）」：
しばらくここに車を止めさせていただけませんか。

(☞『みんなの日本語初級Ⅱ』Leçon 48)

2. (1) …ことにする

V en forme dictionnaire
Vない -forme　　－ない } ＋ ことにする

La structure「Vする／Vしないことにする」signifie « décider de faire / ne pas faire quelque chose ».

① 来年結婚することにしました。

Nous avons décidé de nous marier l'année prochaine.

② 今晩は外で食事をすることにしよう。　J'ai décidé qu'on va au restaurant ce soir.

2. (2) …ことにしている

V en forme dictionnaire
Vない -forme　　－ない } ＋ ことにしている

La structure「Vする／Vしないことにしている」indique une habitude qu'on a décidée auparavant et qu'on continue à pratiquer.

① 毎週日曜日の夜は外で食事をすることにしている。

　　J'ai pour règle de dîner au restaurant tous les dimanches.

② ダイエットしているので、お菓子を食べないことにしている。

　　J'ai pour règle de ne pas manger de gâteau parce que je suis en régime.

3. (1) …ことになる

V en forme dictionnaire
Vない -forme　　　－ない　＋ ことになる

「Vする／Vしないことになる」signifie qu'il est décidé de faire/ne pas faire. 「ことにする」désigne ce qu'on a décidé soi-même, alors que「ことになる」désigne que cela a été décidé sans intervention de son intention.

① 来月アメリカへ出張することになりました。

　　Il a été décidé que j'irais aux Etats-Unis pour une mission le mois prochain.

② 中国へは田中さんが行くことになるでしょう。

　　C'est M. Tanaka qui sera probablement choisi pour aller en Chine.

Cependant, même si cela a été décidé par soi-même, 「ことになる」peut être employé pour éviter de mettre son intention en avant.

③ 部長、実は、今年の秋に結婚することになりました。結婚式に出席していただけないでしょうか。

　　M. Le Directeur, en fait, je vais me marier cet automne. Je serai honoré si vous pouviez assister à mon mariage.

3. (2) …ことになっている

V en forme dictionnaire
Vない -forme　　　－ない　＋ ことになっている

「Vする／Vしないことになっている」indique ce qui est décidé comme prévision ou règle.

① あしたの朝9時から試験を行うことになっています。

　　Il est prévu qu'il y aura un examen à partir de 9 heures demain matin.

② うちでは夜9時以降はテレビをつけないことになっている。

　　Dans ma famille, nous avons pour règle de ne pas allumer la télévision après 21 heures.

4. ～てほしい・～ないでほしい

Vて -forme
Vない -forme ーないで   } + ほしい

(1) 「NにVてほしい」 signifie que l'on veut que N (autre que soi-même) fasse V.
   ① わたしは息子に優しい人になってほしいです。

   Je veux que mon fils devienne quelqu'un de gentil.

Quand N est connu, 「Nに」 peut être omis.
   ② このごろ自転車を利用する人が多いが、規則を守って乗ってほしい。

   De nos jours, il y a beaucoup de gens qui utilisent le vélo. Je voudrais qu'ils roulent en respectant le code de la route.

Dans le cas où l' « on veut que quelqu'un (N) ne fasse pas quelque chose (V) », on utilise la forme négative 「Vないでほしい」
   ③ こんなところにごみを捨てないでほしい。

   Je veux qu'on ne jette pas les ordures à cet endroit-là.

Lorsqu'on se réfère à l'action de l'interlocuteur avec cette construction, cela exprime la requête ou l'indication. Si l'on utilise cette forme sans ajouter aucune atténuation, cela est trop direct, donc on préfère ajouter les éléments tels que 「のですが／んですが」.
   ④ すみません、ちょっと手伝ってほしいんですが。

   Excusez-moi, je voudrais que vous me donniez un coup de main si cela est possible.

(2) Cette structure peut être employée pour référer à un fait autre que l'action humaine. Dans ce cas-là, on utilise 「Nが」 au lieu de 「Nに」.
   ⑤ 早く春が来てほしい。　　Je veux que le printemps arrive vite.
   ⑥ あしたは雨が降らないでほしい。　　Je veux qu'il ne pleuve pas demain.

5. (1) ～そうな～・～そうに…

Vます -forme
いA ーい   } + { そうなN / そうにV
なA

「Vます-そうだ」 n'a pas le même sens quand il est précédé d'un verbe (「V-familier-そうだ」 et quand il est précédé d'un adjectif(「Aそうだ」). 「Vそうだ」 indique que l'on prédit qu'il y a une forte probabilité pour que V se produise ou indique le présage que V se produise.

① ミラーさん、シャツのボタンが取れそうですよ。

    Monsieur Miller, votre bouton de chemise a l'air de se découdre.

② 雨が降りそうなときは、洗濯しません。

    Je ne fais pas la lessive quand le temps est pluvieux.

「A そうだ」signifie qu' « il a l'air A ».

③ ワンさんの隣にいる学生はまじめそうですね。

    L'étudiant qui se trouve à côté de Monsieur Wong a l'air sérieux, n'est-ce pas ?

④ このケーキはおいしそうですね。

    Ce gâteau a l'air délicieux.

⑤ 子どもたちが楽しそうに遊んでいます。

    Les enfants jouent avec un air joyeux.

« V そうだ » pour exprimer le présage et la prévision, et 「A そうだ」pour exprimer l'apparence prennent la forme 「そうな N」 lorsque cela modifie un nom et 「そうに V」 lorsque cela modifie un verbe.

⑥ 雨が降りそうなときは、洗濯しません。

    Je ne fais pas la lessive quand le temps est pluvieux.

⑦ おいしそうなケーキがありますね。

    Il y a des gâteaux qui ont l'air délicieux.

⑧ 子どもたちが楽しそうに遊んでいます。

    Les enfants jouent avec un air joyeux.

Réf: 「～そうだ（pronostic, apparence）」:
    今にも雨が降りそうです。
    この料理は辛そうです。
    ミラーさんはうれしそうです。

(☞『みんなの日本語初級Ⅱ』Leçon 43)

5. (2) ～なさそう

いA　－い → く
なA　　－だ → では　　＋ なさそう
N　　　　　　（じゃ）

La forme négative de 「A そうだ」 n'est pas 「～ないそうだ」 mais 「～なさそうだ」. Cela signifie que l'objet en question ne ressemble pas à A ou ne semble pas être A.

① あの映画はあまりおもしろくなさそうですね。

    Ce film n'a pas l'air très intéressant, n'est-ce pas ?

② この機械はそんなに複雑じゃ（では）なさそうです。

    Cette machine n'a pas l'air si compliquée.

③ 彼は学生ではなさそうです。　　Il ne semble pas être étudiant.

5. (3) ～そうもない

Vます -forme ＋ そうもない

C'est la forme négative de「V そうだ」et exprime une prévision selon laquelle « V (une action ou un événement) ne se produise pas ».

① 今日は仕事がたくさんあるので、5時に帰れそうもありません。

    Comme j'ai beaucoup de travail aujourd'hui, je ne pense pas pouvoir rentrer à 5 heures.

② この雨はまだやみそうもないですね。

    Cette pluie ne semble toujours pas s'arrêter, n'est-ce pas ?

話す・聞く

～たあと、…

Vたあと、…

「V たあと、…」indique qu'il s'ensuit un état ou un fait après V.

① じゃ、来週の月曜日会議が終わった{あと／あとで}、お会いしましょうか。

    Alors, on se voit après avoir fini la réunion de lundi prochain ?

Quand「いる」ou「ある」sont utilisés dans la seconde partie de la phrase, la forme「あとで」n'est pas très appropriée.

② 日曜日は朝食を食べた{○あと／×あとで}、どこへも行かず家でテレビを見ていました。

    Dimanche, après avoir pris le petit déjeuner, je suis resté à la maison toute la journée et je regardais la télévision.

③ 授業が終わった{○あと／×あとで}、学生が2、3人まだ教室に残っていました。

    Après avoir fini le cours, il y avait encore 2 ou 3 étudiants qui restaient dans la salle.

Leçon 4

1. …ということだ（ouï-dire）

P (forme neutre) + ということだ

(1) 「Xということだ」est une expression d'ouï-dire similaire à 「Xそうだ」 et s'emploie lorsqu'on transmet le contenu X que d'autres personnes spécifiques ou en général disent.

① 山田さんから電話があったのですが、約束の時間に少し遅れるということです。
   J'ai reçu un appel de M. Yamada. Il disait qu'il serait un peu en retard pour le rendez-vous.

② 近くにいた人の話によると、トラックから急に荷物が落ちたということです。
   Selon les gens qui se trouvaient à côté, la cargaison est soudainement tombée du camion.

La forme 「とのことです」est également utilisée, bien qu'elle soit plutôt du registre écrit.

③ （手紙文）先日、ワンさんに会いました。ワンさんから先生によろしくとのことです。
   (Dans une lettre au Professeur) J'ai vu Monsieur Wong l'autre jour. Il vous passe sa salutation.

(2) La forme 「Xということですね」peut être utilisée lorsqu'on répète pour la confirmation de ce que son interlocuteur vient de dire.

④ A：部長に30分ほど遅れると伝えてください。
   Informez le directeur que je vais avoir 30 minutes de retard.
   B：はい、わかりました。30分ほど遅れるということですね。
   D'accord. Vous allez avoir 30 minutes de retard, n'est-ce pas ?

2. …の・…の？

P (forme neutre) + { の / の？ }

C'est une expression familière de 「…のですか」, utilisée dans une conversation avec les personnes proches / avec qui on a un rapport familier.

① どこへ行くの？　　Où vas-tu ?
   …ちょっと郵便局へ。　Je vais juste à la poste.

② 元気がないね。先生にしかられたの？
Tu n'as pas l'air en forme. Tu t'es fait gronder par le professeur ?
…うん。　Oui.

③ どうしたの？　Qu'est-ce qui t'arrive ?
…お母さんがいないの。　Je ne sais pas où est ma mère.

Réf: 「…のです／んです」: expression pour expliquer avec insistance la cause, la raison et le fondement, etc. 「…んです」est le style parlé et「…のです」s'emploie à l'écrit.

(☞『みんなの日本語初級Ⅱ』Leçon 26)

3. ～ちゃう・～とく・～てる

〈Comment créer ces formes〉

Ｖてしまう　→　Ｖちゃう

Ｖておく　→　Ｖとく

Ｖている　→　Ｖてる

(1)「～てしまう」prend la forme de「～ちゃう」dans le langage parlé.
① 行ってしまいます　→　行っちゃいます
② 読んでしまった　→　読んじゃった
③ 見てしまった　→　見ちゃった

(2)「～ておく」prend la forme de「～とく」dans le langage parlé.
④ 見ておきます　→　見ときます
⑤ 作っておこう　→　作っとこう
⑥ 読んでおいてください　→　読んどいてください

(3)「～ている」prend la forme de「～てる」dans le langage parlé.
⑦ 走っている　→　走ってる
⑧ 読んでいる　→　読んでる
⑨ 見ていない　→　見てない

4. ～（さ）せられる・～される（causatif-passif）

〈Comment créer ces formes〉

ＶⅠ：ない-forme ＋ せられる／される

ＶⅡ：ない-forme ＋ させられる

ＶⅢ：する → させられる
　　　来る → 来させられる

(1) C'est une expression combinée du causatif et du passif.
　① 太郎君は掃除をしました。　　Taro a fait le nettoyage.
　　→ 先生は太郎君に掃除をさせました。(causatif)
　　　Le professeur a fait nettoyer Taro.
　　→ 太郎君は先生に掃除をさせられました。(causatif-passif)
　　　Taro a été obligé par le professeur de nettoyer.

(2) La construction de base du factitif-passif est 「N₁ は N₂ に V させられる」, mais 「N₂ に」 peut être omis. Dans tous les cas, la phrase indique le fait que N₁ effectue une action V, non pas par son propre volonté, mais ordonnée par quelqu'un d'autre.
　② 昨日の忘年会ではカラオケを ｛歌わせられた／歌わされた｝。
　　Hier, à la fête de fin d'année, on m'a fait chanter (j'ai été obligé de chanter) en karaoké.
　③ この会議では毎月新しい問題について研究したことを発表させられます。
　　Dans ce congrès, tous les mois, nous sommes amenés à faire une présentation sur un nouveau problème que nous avons étudié.

5. ～である（style である）

N
なA　｝＋ である

～ている ＋ のである

Cette forme a le même sens que 「～だ」, mais c'est un style plus rigide, utilisé souvent dans le texte écrit, en particulier dans un texte tel qu'une dissertation.
　① 失敗は成功の母である。　　L'échec est la mère du succès. (dicton)
　② このような事件を起こしたことは非常に残念である。
　　Il est extrêmement regrettable d'avoir eu untel incident.
　③ ここは去年まで山であった。
　　A cet endroit jusqu'à l'année dernière, se trouvait une montagne.

Dans le style 「である」, 「～のだ」 prend la forme de 「～のである」
　④ 世界中の人々が地球の平和を願っているのである。
　　Les gens du monde entier souhaitent la paix dans le monde.

6. ～ます、～ます、…・～くて、～くて、… (forme suspensive)

〈Comment créer ces formes〉

V ：Vます-forme ーます (います → おり)

いA：いA ーい → く

なA：なA ーで

N ：N ーで

(1) La forme suspensive du verbe (même forme que la ます-forme) s'emploie dans la construction「V₁ (ます-forme)、V₂」. Comme「V₁ (て-forme)、V₂」, cela indique la succession d'événements et de juxtaposition.

① 朝起きたら、まず顔を洗い、コーヒーを飲み、新聞を読みます。

Quand je me lève le matin, d'abord je me lave le visage, puis je bois mon café et je lis le journal.

② 彼とは学生時代、よく遊び、よく話し、よく飲んだ。

Durant ma vie étudiante, je me suis beaucoup amusé, j'ai beaucoup parlé et beaucoup bu avec lui.

(2) La forme suspensive de「いる」est「おり」.

③ 兄は東京におり、姉は大阪にいます。

Mon grand frère est à Tokyo, ma grande sœur est à Osaka.

(3) La forme suspensive de l'adjectif et du nom indique la juxtaposition du sens exprimé par chaque mot.

④ マリアさんは、優しく、頭がよく、すばらしい女性だ。

Maria est une femme gentille, intelligente, et magnifique.

7. (1) ～（た）がる

Vます-forme + たがる

いA ーい
なA   } + がる

Dans la construction「Nが～（た）がる」, がる s'attache à un adjectif de sentiment, et signifie que le sentiment de N (quelqu'un d'autre) apparaît dans son expression ou dans son comportement. Avec l'expression du souhait「～たい」, cela prend la forme「～たがる」.

① 太郎君は友達のおもちゃを欲しがる。

Taro veut le jouet qu'a son ami.

② このチームが負けると、息子はすごく悔しがる。

Quand cette équipe perd, mon fils est très déçu.

③ このごろの若者は、難しい本を読みたがらない。

De nos jours, les jeunes ne veulent pas lire de livres difficiles.

7. (2) ～（た）がっている

Vます -forme ＋ たがっている

いA －い ⎫
なA ⎬ ＋ **がっている**

「～（た）がる」indique la tendance de quelqu'un à se comporter en manifestant un sentiment ou un souhait. Quand on indique que quelqu'un se comporte ainsi actuellement, on emploie la forme「～（た）がっている」.

① 太郎君は友達のおもちゃを欲しがっている。

Taro veut le jouet qu'a son ami.

② 好きなチームが負けて、息子はすごく悔しがっている。

Son équipe favorite ayant perdu, mon fils est très déçu.

8. …こと・…ということ

P（forme neutre）＋ ［という］こと ＋ particule casuelle

なA ＋ なこと／であること

(1) Lorsqu'une particule casuelle ou autre type de particule est ajouté après la phrase, la forme「…こと ＋ particule」s'emploie pour nominaliser la phrase.「…こと」est suivi d'une forme neutre.

① 田中さんが結婚したことを知っていますか。

Saviez-vous que M. Tanaka s'est marié ?

② これは田中さんの辞書ではないことがわかりました。

On a compris que ce n'est pas le dictionnaire de M. Tanaka.

La phrase qui se termine par な -adjectif prend la forme「な -adjectif ＋ なこと」ou「な -adjectif ＋ であること」.

③ 世界中でこの漫画が有名｛な／である｝ことを知っていますか。

Saviez-vous que ce manga est mondialement connu ?

(2) Quand la phrase est longue et complexe,「という」est à ajouter avant「こと」afin de nominaliser la phrase.「～ということ」est suivi d'une forme neutre.

④ 二十歳になればだれでも結婚できるということを知っていますか？

   Saviez-vous que tout le monde peut se marier à condition d'avoir 20 ans ?

⑤ 日本に来てから、家族はとても大切 {だ／である} ということに初めて気がついた。

   J'ai réalisé pour la première fois que la famille est très importante après être venu au Japon.

⑥ この辺りは昔、海 {だった／であった} ということは、あまり知られていない。

   Le fait qu'il y avait la mer autrefois dans cette zone n'est pas très connu.

Réf: 「こと」：朝早く起きることは健康にいい。　　　(☞『みんなの日本語中級I』Leçon 1)

東京へ行っても、大阪のことを忘れないでくださいね。

(☞『みんなの日本語初級I』Leçon 25)

話す・聞く

～の～ (apposition)

Cette construction signifie que N₁ et N₂ sont identiques. N₁ est un nom montrant l'attribut de N₂ et donne l'explication détaillée de N₂. L'apposition est également exprimée par la forme「N₁ である N₂」.

① 部長の田中をご紹介します。

   Je vous présente Monsieur Tanaka, notre directeur.

② あさっての金曜日はご都合いかがですか。

   Quel est votre disponibilité d'après-demain, vendredi ?

～ましたら、… ・ ～まして、…

V (forme polie) ＋ {たら・て}、…

「たら」et て -forme peuvent prendre la forme polie.

① 会議が終わりましたら、こちらからお電話させていただきます。

   Quand la réunion sera finie, nous vous rappellerons.

② 本日は遠くから来てくださいまして、ありがとうございました。

   Je vous remercie d'être venu aujourd'hui d'aussi loin.

Leçon 5

1. (1) あ〜・そ〜 (démonstratifs contextuels (conversation))

Dans une conversation, ce que le locuteur et l'interlocuteur connaissent tous les deux est désigné par la série de démonstratifs 「あ（あれ、あの、あそこ…）」. Celui qui est connu par le locuteur mais pas connu par l'interlocuteur ou vice-versa, est désigné par la série de démonstratifs 「そ（それ、その、そこ）」.

① さっき、山本さんに会ったよ。　J'ai rencontré M. Yamamoto tout à l'heure.

…え、あの人、今日本にいるんですか。　Ah bon ? Est-il au Japon en ce moment ?

② さっき、図書館でマリアさんという人に会ったんだけどね。その人、この学校で日本語を勉強したんだって。

J'ai rencontré tout à l'heure une personne qui s'appelle Maria à la bibliothèque. Elle m'a dit qu'elle a étudié le japonais dans cette école.

…そうですか。その人は何歳ぐらいですか。

Ah bon ? Quel âge a-t-elle à peu près ?

1. (2) そ〜 (démonstratif contextuel (texte))

Dans un texte, la série de démonstratifs 「そ（それ、その、そこ…）」 est utilisée pour désigner ce qui est apparu dans une phrase antérieure.

① 会社を出たあと、駅のレストランで夕食を食べました。そのとき、財布を落としたんだと思います。

Après avoir quitté l'entreprise, j'ai dîné dans un restaurant dans la gare. Je pense que c'est à ce moment-là que j'ai fait tomber mon portefeuille.

② イギリスの人気小説が日本語に翻訳されました。それが今年日本でベストセラーになりました。

Le roman anglais populaire a été traduit en japonais. Il est devenu la meilleure vente cette année au Japon.

2. …んじゃない？

V
いA } forme neutre
なA } forme neutre
N   } －だ → な

＋ [んじゃないですか] ／んじゃない？

「…んじゃないですか」est la forme décontractée de「…のではありませんか」, utilisé pour exprimer ce que pense l'interlocuteur dans une conversation familière.

① 元気がないですね。何か困っていることがあるんじゃないですか。

　　Vous n'êtes pas en forme. N'avez-vous pas des soucis ?

　　…ええ、実は……。　　Oui, en fait...

「んじゃないですか」peut prendre la forme「んじゃない」avec l'interlocuteur familier. Dans une conversation formelle, la forme「のではないでしょうか」est utilisée.

② タワポンさん、少し太ったんじゃない。

　　Thawaphon, tu n'as pas un peu grossi ?

　　…わかりますか。　　Ça se voit ?

3. ～たところに／で

V (verbe de déplacement) た-forme ＋ ところ

Les verbes exprimant le déplacement tels que「行く、渡る、曲がる、出る」(aller, traverser, tourner, sortir) sont utilisés dans la construction「V（た-forme）＋ ところ」pour indiquer le point d'arrivée.

① あの信号を左へ曲がったところに、郵便局があります。

　　Le bureau de poste est juste après ces feux à gauche.

② 改札を出て、階段を上ったところで、待っていてください。

　　Vous sortez par le portillon d'accès, montez les escaliers, et attendez là.

4. (1)(2) ～（よ）う (forme volitive) とする／しない

V（よ）う ＋ とする／しない

(1)「V（よ）う (forme volitive) とする／しない」indique la situation juste avant l'exécution de l'action V. Par conséquent, V n'est pas réalisé. Quand cette construction est utilisée pour ce sens, elle s'emploie en général dans la phrase avec「～とき」et「～たら」, etc.

① 家を出ようとしたとき、電話がかかってきた。

　　Quand j'étais sur le point de partir de la maison, le téléphone a sonné.

② 雨がやんだので、桜を撮ろうとしたら、カメラの電池が切れてしまった。

　　Comme la pluie a cessé, j'allais prendre les fleurs de cerisier en photo, à ce moment même, il n'y avait plus de batterie dans mon appareil photo.

(2) Par ailleurs, cette forme peut indiquer le fait qu'on fait des efforts pour faire V.

③ 父は健康のためにたばこをやめようとしています。

　　Mon père essaie d'arrêter de fumer pour sa santé.

④ あの日のことは、忘れようとしても忘れることができません。

　　Même si j'essaie d'oublier ce qui s'est passé ce jour-là, je n'y arrive pas.

(3)「V（forme volitive）としない」indique qu'on a pas l'intention de faire V. En général, cette construction est utilisée pour référer à quelqu'un d'autre que soi-même.

⑤ 妻は紅茶が好きで、お茶やコーヒーを飲もうとしない。

　　Ma femme aime le thé anglais et elle ne cherche pas à boire de thé japonais ni de café.

⑥ 人の話を聞こうとしない人は、いつまでたっても自分の考えを変えることができません。

　　Ceux qui refusent d'écouter les autres n'arrivent jamais à changer leur opinion.

5. …のだろうか

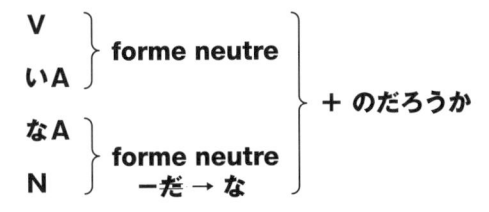

V 　　　　　　　　　　　　　　
いA } forme neutre
なA }　　　　　　　　　　 } ＋のだろうか
N 　} forme neutre
　　　 －だ → な

「Xのだろうか」s'emploie lorsqu'on se demande si X est vrai ou non. On peut utiliser les interrogatifs tels que「どう」「何」「いつ」.

① この店ではクレジットカードが使えるのだろうか。

　　Je me demande si ce magasin accepte la carte de crédit.

② 大学院に入るためには、どうすればいいのだろうか。

　　Je me demande comment il faut faire pour entrer en master à l'université.

Cette construction peut également s'employer quand on pose une question à quelqu'un. Comparant à「Xのですか」,「Xのでしょうか」est une manière d'atténuer la demande en n'imposant pas de réponse.

③　すみません。この店ではクレジットカードが使えるのでしょうか。

　　　Excusez-moi, est-ce que le magasin accepte la carte de crédit ?

La forme sans l'addition d'un pronom interrogatif「Xのだろうか」peut être utilisée pour suggérer que « X n'est pas vrai » ou « l'on ne pense pas que ce soit X ».

④　このクラスでは日本語で話すチャンスがとても少ない。こんな勉強で会話が上手になるのだろうか。

　　　Dans cette classe, nous avons très peu d'occasion de parler en japonais. Je me demande si une telle méthode d'apprentissage nous permet de progresser à l'oral.

6. ～との／での／からの／までの／への～

N + {particule casuelle + の} + N

Quand un mot suivi d'une particule telle que「と、で、から、まで、へ」qualifie un nom,の doit être ajouté après la particule. Notons toutefois qu'après「に」, on ne met pas「の」. Dans ce cas-là, il faut changer「に」en「へ」et fabriquer la forme「への」.

①　友達との北海道旅行は、とても楽しかったです。

　　　Le voyage à Hokkaido avec mes amis était très agréable.

②　日本での研究はいかがでしたか。

　　　Comment s'est passé la recherche (que vous avez effectuée) au Japon ?

③　国の両親からの手紙を読んで、泣いてしまった。

　　　J'ai lu la lettre envoyée par mes parents de mon pays natal et j'ai pleuré.

④　先生へのお土産は何がいいでしょうか。

　　　Qu'est-ce qui serait bien comme cadeau au professeur ?

Ni「が」ni「を」ne sont pas suivi de「の」.

⑤　田中さんの欠席を部長に伝えてください。

　　　Informez le directeur de l'absence de M. Tanaka.

⑥　大学院で医学の研究をするつもりです。

　　　J'ai l'intention de faire de la recherche en médecine dans le programme du master (/doctorat).

7. …だろう・…だろうと思う （conjecture）

```
V  ⎫
いA ⎬ forme neutre  ⎫
         ⎬ + だろう
なA ⎫ forme neutre  ⎪
N  ⎬ －だ           ⎭
```

(1) 「…だろう」est la forme neutre de「…でしょう」et s'emploie dans un texte du style neutre. Avec cette forme, le locuteur exprime son opinion sans affirmation et avec conjecture.

① アジアの経済はこれからますます発展するだろう。

L'économie asiatique se développera probablement de plus en plus.

② マリアさんの話を聞いて、ご両親もきっとびっくりされただろう。

Je suppose qu'après avoir écouté ce qu'a raconté Maria, ses parents seront sans doute surpris.

(2) Dans une conversation, il est courant d'ajouter「と思う」et de l'utiliser dans la construction「…だろうと思う」.

③ 鈴木君はいい教師になるだろうと思います。

Je pense que M. Suzuki deviendra un bon enseignant.

④ この実験にはあと2、3週間はかかるだろうと思います。

Je pense que cette expérience prendra encore 2 ou 3 semaines.

Réf: 「～でしょう？（confirmation）」：
7月に京都でお祭りがあるでしょう？　　　(☞『みんなの日本語初級Ⅰ』Leçon 21)

「～でしょう（conjecture）」：あしたは雪が降るでしょう。

(☞『みんなの日本語初級Ⅱ』Leçon 32)

話す・聞く

…から、～てください

V（forme polie）+ から、Vてください

Dans cet emploi,「…から」n'indique pas la raison mais indique l'information qui présuppose la requête ou la demande exprimée dans la seconde partie.

① お金を入れるとボタンに電気がつきますから、それを押してください。

Si vous mettez de l'argent, le bouton va s'allumer. Appuyez donc dessus.

② 10分ぐらいで戻ってきますから、ここで待っていてくれますか。

Je reviens dans 10 minutes. Pouvez-vous donc m'attendre ici ?

読む・書く

が／の

「が」marquant le sujet dans la proposition qui explique un nom peut être remplacé par 「の」.

① 留学生 {が／の} かいた絵を見ました。

J'ai vu le tableau que l'étudiant étranger a peint.

② 田中さん {が／の} 作ったケーキはとてもおいしかった。

Le gâteau que M. Tanaka a fait était très bon.

Leçon 6

1.（1） …て…・…って… （citation）

P（forme neutre）＋ て／って…

Dans le langage parlé, la particule de citation「と」peut être prononcé comme「て」ou「って」.

① 田中さんは昨日何て言っていましたか。　←「と」

　　Que disait Monsieur Tanaka hier ?

　　…今日は休むって言っていました。　←「と」

　　　　Il disait qu'il serait absent aujourd'hui.

② 店の前に「本日休業」って書いてありました。　←「と」

　　Il est affiché devant le magasin : fermé aujourd'hui.

「という」dans la construction de「～という名前を持つ人／もの／ところ」prendra aussi la forme「って」.

③ 昨日、田山って人が来ましたよ。　←「という」

　　Hier quelqu'un qui s'appelle Tayama est venu.

1.（2） ～って… （thème）

P（forme neutre）
N forme neutre －だ　＋って…

「Xって」s'emploie lorsque le locuteur interroge sur X qu'il ne connaît pas bien, ou lorsqu'il décrit la nature ou la caractéristique de X.

④ ねえ、函館って、どんな町？　　Dis, Hakodate, c'est quel genre de ville ?

⑤ メンタルトレーニングっておもしろい！

　　Que c'est amusant, ce « training mental » !

2.（1） ～つもりはない （volition négative）

V forme dictionnaire ＋ つもりはない

(1)「～つもりはない」est la forme négative de「～つもりだ」, qui signifie de « ne pas avoir l'intention de ～ ».

① 卒業後は就職するつもりです。大学院に行くつもりはありません。

　　J'ai l'intention de trouver un emploi après obtention de mon diplôme. Je n'ai pas l'intention de poursuivre mes études en master.

② 仕事が忙しいので、今夜のパーティーに出るつもりはない。

　　J'ai beaucoup de travail, donc je n'ai pas l'intention d'aller à la fête de ce soir.

「Vつもりはない」peut être substitué par「そのつもりはない」si ce que V indique est connu.

③　A：1週間くらい休みを取ったらどうですか。

Si vous preniez des vacances pour plus ou moins une semaine ?

　　B：いえ、そのつもりはありません。

Non, je n'ai pas l'intention de le faire.

(2) Il y a 2 formes de négation de「〜つもりだ」:「〜つもりはない」et「〜ないつもりだ」.「〜つもりはない」est une négation plus forte, qui est utilisée, par exemple, pour nier fortement la parole de l'interlocuteur.

④　新しいコンピューターが発売されました。いかがですか。

Le nouvel ordinateur est mis en vente. Voulez-vous l'acheter ?

…コンピューターは持っているから｛○買うつもりはない／×買わないつもりだよ。｝

J'ai déjà un ordinateur, donc je n'ai aucune intention de l'acheter.

2. (2)　〜つもりだった（volition au passé）

V forme neutre
Vない -forme　−ない ｝＋ つもりだった

(1)「〜つもりだった」est la forme au passé de「〜つもりだ」qui signifie que quelqu'un avait l'intention de faire 〜．

①　電話するつもりでしたが、忘れてしまいました。すみません。

J'avais l'intention de vous téléphoner, mais j'ai oublié. Excusez-moi.

(2) Il est souvent suivi d'une partie exprimant le changement d'avis.

②　パーティーには行かないつもりでしたが、おもしろそうなので行くことにしました。

Je n'avais pas l'intention d'aller à la fête, mais comme elle avait l'air amusante, j'ai décidé d'y aller.

Réf:「〜つもりだ (volition)」：国へ帰っても、柔道を続けるつもりです。

(☞『みんなの日本語初級Ⅱ』Leçon 31)

2. (3) ～たつもり・～ているつもり

Vた -forme
Vている
いA   ＋つもり
なA －な
Nの

「Xたつもり／Xているつもり」désigne que l'agent de l'action pense que c'est X. Cependant, en réalité, il se peut que ce ne soit pas X ou que l'on ne le sache pas.

① 外国語を練習するときは、小さな子どもになったつもりで、大きな声を出してみるといい。

Pour s'entraîner à une langue étrangère, c'est bien de parler fort comme si on était un petit enfant.

② かぎがかかっていませんでしたよ。　La clé n'était pas fermée.
　…すみません、かけたつもりでした。　Excusez-moi, je pensais l'avoir fait.

③ わたしは一生懸命やっているつもりです。　Je crois faire mon mieux.

④ 若いつもりで無理をしたら、けがをしてしまった。

J'ai forcé en pensant que j'étais encore jeune et j'ai fini par me blesser.

⑤ 本当の研究発表のつもりで、みんなの前で話してください。

Parlez devant l'audience comme si c'était une véritable présentation de recherche.

Réf: 「V en forme dictionnaire つもりです (intention d'effectuer un acte)」:
国へ帰っても、柔道を続けるつもりです。　　　(☞『みんなの日本語初級Ⅱ』Leçon 31)

3. ～てばかりいる・～ばかり～ている

(1) Vて -forme ＋ ばかりいる

(2) Nばかり ＋ Vt ている

(1) Cette structure indique que quelqu'un effectue une action de façon habituelle ou répétée et montre les attitudes critiques ou mécontente du locuteur.

① この猫は一日中、寝てばかりいる。

Ce chat ne fait que dormir toute la journée.

② 弟はいつもコンピューターゲームをしてばかりいる。

Mon petit frère ne fait que jouer au jeu d'ordinateur tout le temps.

(2) Avec le verbe transitif, 「ばかり」 peut être placé juste après l'objet du verbe.
　③　弟(おとうと)はいつもコンピューターゲームばかりしている。

　　　Mon petit frère ne fait que jouer au jeu d'ordinateur tout le temps.

4. …とか…

```
N
P (forme neutre)
```
　＋ とか

(1) 「…とか…とか」s'emploie pour énumérer des exemples similaires.
　①　最近(さいきん)忙(いそが)しくて、テレビのドラマとか映画(えいが)とか見(み)る時間(じかん)がありません。
　②　健康(けんこう)のためにテニスとか水泳(すいえい)とかを始(はじ)めてみるといいですよ。

（☞『みんなの日本語初級Ⅱ』Leçon 36）

(2) Il est possible d'insérer une phrase à l'intérieur de 「…」.
　③　子どものとき、母(はは)に「勉強(べんきょう)しろ」とか「たくさん食(た)べなさい」とかよく言(い)われました。

　　　Quand j'étais enfant, ma mère disait souvent « Travaille ! » ou «Mange bien ! », entre autres.

　④　今日(きょう)のテストは「難(むずか)しい」とか「問題(もんだい)が多(おお)すぎる」とか思(おも)った学生(がくせい)が多(おお)いようです。

　　　Il me semble que beaucoup d'étudiants ont pensé que l'examen d'aujourd'hui était difficile ou qu'il y avait trop de questions, etc.

　⑤　やせたいんです。どうしたらいいですか。

　　　Je veux maigrir. Commet faut-il faire ?

　　　…毎日水泳(まいにちすいえい)をするとか、ジョギングをするとかすればいいですよ。

　　　　　Vous pouvez, par exemple faire de la natation ou du jogging, tous les jours.

5. ～てくる (apparition d'une situation)

Vて -forme ＋ くる

「～てくる」désigne qu'une nouvelle chose est apparue, ce qui permet de percevoir quelque chose qui était imperceptible jusqu'alors.
　①　暗(くら)くなって、星(ほし)が見(み)えてきた。

　　　La nuit est tombée et on commence à voir les étoiles.

　②　隣(となり)の家(いえ)からいいにおいがしてきた。

　　　Une bonne odeur arrive de chez mon voisin.

6. ～てくる (approchement)・～ていく (éloignement)

Vて -forme ＋ { くる / いく }

Le verbe de déplacement suivi de 「～てくる」ou「～ていく」indique la direction du déplacement. 「～てくる」montre que quelque chose se déplace vers le locuteur. 「～ていく」indique que quelque chose se déplace du côté du locuteur vers autre endroit.

① 兄が旅行から帰ってきた。　　Mon grand frère est revenu de voyage.
② 授業のあと、学生たちはうちへ帰っていった。

　　Après le cours, les étudiants sont repartis chez eux.

読む・書く

こ～ (démonstratif contextuel)

Dans un texte, 「こ」peut faire référence à quelque chose mentionnée après.

① 新聞にこんなことが書いてあった。最近の日本人は家族みんなで休日にコンピューターゲームを楽しむそうだ。

　　Ceci était écrit dans le journal : il semblerait que les Japonais d'aujourd'hui s'amusent à des jeux d'ordinateur en famille pendant les jours de congé.

Réf: 「あ～・そ～ (Démonstratif contextuel (conversation))」
　　　「そ～ (Démonstratif contextuel (texte))」　　　(☞『みんなの日本語中級Ⅰ』Leçon 5)

Leçon 7

1. (1) 〜なくてはならない／いけない・〜なくてもかまわない

```
Vない -forme  ⎫
いA   －い → く ⎬ + ⎧ なくてはならない／いけない
なA          ⎫   ⎨
      で     ⎬   ⎩ なくてもかまわない
N            ⎭
```

(1)「〜なくてはならない／いけない」indique ce qui est obligatoire ou indispensable. C'est la même chose que「〜なければならない」.

① この薬は一日2回飲まなくてはならない。
   Ce médicament doit être pris deux fois par jour.
② レポートは日本語でなくてはなりません。
   Le rapport doit être écrit en japonais.

(2)「〜なくてもかまわない」indique que「〜」n'est pas nécessaire. Cette expression est plus polie que「〜なくてもいいです」.

③ 熱が下がったら、薬を飲まなくてもかまわない。
   Si la fièvre tombe, il n'est pas nécessaire de prendre le médicament.
④ 作文は長くなくてもかまいません。
   Ce n'est pas la peine que la composition soit longue.

Réf:「〜なければならない（il faut le faire quel que soit l'intention de la personne qui l'exécute.）」: 薬を飲まなければなりません。

「〜なくてもいい（Il n'est pas nécessaire d'effectuer l'acte）」:
あした来なくてもいいです。

(☞『みんなの日本語初級I』Leçon 17)

1. (2) 〜なくちゃ／〜なきゃ［いけない］

⟨Comment créer ces formes⟩

Vなくてはいけない → Vなくちゃ［いけない］

Vなければいけない → Vなきゃ［いけない］

Dans une conversation familière,「なくてはいけない」peut devenir「なくちゃいけない」et「なければいけない」peut devenir「なきゃいけない」.「いけない」peut être omis.

2. …だけだ・[ただ]…だけでいい

1) N + だけ

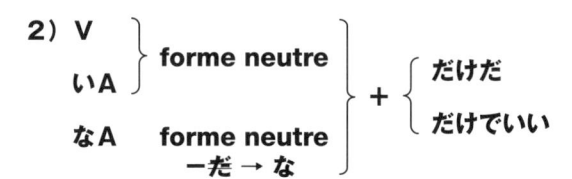

2) V / いA } forme neutre
   なA   forme neutre
          －だ → な   } + { だけだ / だけでいい }

(1) 「～だけ」est attaché à un nom et indique la limite. (☞『みんなの日本語初級Ⅰ』Leçon 11)
   ① 外国人の社員は一人だけいます。　　Il y a un seul employé étranger.
   ② 休みは日曜日だけです。　Le seul jour de congé est le dimanche.

(2) 「…だけ」peut être précédé par un verbe ou un adjectif, constituant un prédicat.
   ③ 何をしているの？　　Que fais-tu ?
      …ただ、本を読んでいるだけです。　　Je lis un livre tout simplement.
   ④ 病気ですか？　Êtes-vous malade ?
      …ちょっと気分が悪いだけです。　　Je ne me sens juste pas très bien.

(3) 「…するだけでいい」indique que l'action nécessaire est seulement「…すること」et rien d'autre.
   ⑤ 申し込みはどうするんですか？　　Comment faut-il faire pour s'inscrire ?
      …この紙に名前を書くだけでいいんです。
          Il suffit d'écrire votre nom sur cette feuille.

3. …かな (particule finale)

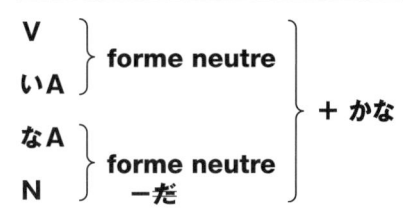

V / いA } forme neutre
なA   forme neutre
N   －だ   } + かな

(1) 「…かな」s'emploie lorsqu'on pose la question sans imposer une réponse en retour.「…」est la forme neutre.
   ① A：お父さんの誕生日のプレゼントは何がいいかな。
         Je me demande ce que je peux offrir comme cadeau d'anniversaire à mon père.
      B：セーターはどうかな。　　Pourquoi pas un pull...

(2) Dans l'invitation et la requête, l'utilisation de「…ないかな」permet d'atténuer la phrase.

② A：明日みんなで桜を見に行くんですが、先生もいっしょにいらっしゃらないかなと思いまして。

Nous allons voir tous ensemble les fleurs de cerisier demain, mais je me demandais si vous ne viendrez pas avec nous.

B：桜ですか。いいですね。　　Les cerisiers ? C'est bien.

③ A：3時までにこの資料を全部コピーしなければならないんだけど、手伝ってくれないかな。

Il faut que je fasse la photocopie de tous les documents pour trois heures. Je me demande si tu pourrais m'aider.

B：いいよ。　　Pas de problème.

4．(1) 〜なんか…

N ＋ なんか

「〜なんか」indique que le locuteur sous-estime l'importance de「〜」. C'est la même chose que「など」, mais「〜なんか」est utilisé dans une conversation.

① わたしの絵なんかみんなに見せないでください。絵が下手なんです。

Ne montrez pas mon dessin aux autres. Je dessine mal.

4．(2) …なんて…

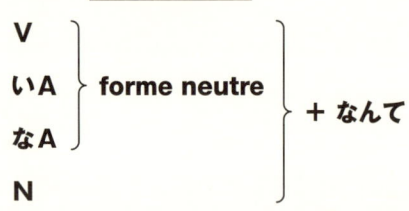

V
いA　forme neutre
なA　　　　　＋ なんて
N

(1)「X なんて Y」exprime le sentiment que le locuteur sous-estime l'importance de X. C'est la même chose que「など」, mais「X なんて」est utilisé dans une conversation.

① わたしの絵なんてみんなに見せないでください。絵が下手なんです。

Ne montrez pas mon dessin aux autres. Je dessine mal.

(2)「X なんて」peut être utilisé pour montrer le jugement négatif ou la surprise. Il est utilisé dans une conversation.

② 昨日、大江さんという人から電話があったよ。

Hier, j'ai reçu un coup de fil de quelqu'un appelé Ôe.

…大江なんて（人）知りませんよ、わたし。

Mais je ne connais personne qui s'appelle Ôe.

③ 先生が3年も前に事故にあって亡くなったなんて、知りませんでした。

Je ne savais pas que le professeur est décédé dans un accident il y a trois ans.

④ 試験に一度で合格できたなんて、びっくりしました。

J'étais surpris d'avoir réussi l'examen au premier essai.

⑤ ミラーさんがあんなに歌がうまいなんて、知りませんでした。

Je ne savais pas que M. Miller chante si bien.

「なんて」est utilisé après le verbe ou l'adjectif, comme ③, ④ et ⑤, mais 「なんか」ne peut pas être utilisé.

5.(1) ～（さ）せる（causatif d'émotion）

⟨Comment créer cette forme⟩

Vi (verbe d'émotion) +（さ）せる

L'expression de causatif d'émotion 「～（さ）せる」indique, qu'en plus de la fonction de faire faire quelque chose à quelqu'un, cela évoque une émotion. Dans ce cas-là, le verbe intransitif d'émotion 「泣く、びっくりする、楽しむ、驚く」(pleurer, être surpris, s'amuser, être étonné, etc.) est utilisé et la personne chez laquelle l'émotion est provoquée est marquée par la particule 「を」.

① 殴って、弟を泣かせたことがある。

Il m'est arrivé d'avoir frappé mon petit frère et de l'avoir fait pleurer.

② テストで100点を取って、母をびっくりさせた。

En ayant obtenu cent points (vingt sur vingt) à l'examen, j'ai surpris ma mère.

Réf: 「～（さ）せる（causatif）」：部長は加藤さんを大阪へ出張させます。

(☞『みんなの日本語初級Ⅱ』Leçon 48)

5.(2) ～（さ）せられる・～される（causatif passif d'émotion）

⟨Comment créer cette forme⟩

Vi +（さ）せられる／される

Le causatif d'émotion peut être utilisé à la forme passive.

① 何度買っても宝くじが当たらず、がっかりさせられた。

J'étais déçu de n'avoir jamais gagné à la loterie, malgré le nombre de fois que j'ai joué.

② 子どもが書いた作文はすばらしく、感心させられた。

La composition que l'enfant a écrite est excellente et j'étais impressionné.

Cet usage indique que l'émotion (surprise, tristesse, déception, admiration, etc.) est provoquée fortement.

Réf: 「～（さ）せる (causatif)」：部長は加藤さんを大阪へ出張させます。

(☞『みんなの日本語初級Ⅱ』Leçon 48)

「～（ら）れる (passif)」：わたしは先生に褒められました。

(☞『みんなの日本語初級Ⅱ』Leçon 37)

「～（さ）せられる (causatif passif)」：太郎君は先生に掃除をさせられました。

(☞『みんなの日本語中級Ⅰ』Leçon 4)

6. …なら、…

```
V    ⎫
いA   ⎬ forme neutre  ⎫
              ⎬ + なら
なA   ⎫ forme neutre  ⎭
N    ⎭ －だ
```

「XならY」s'emploie pour recommander Y ou demander à propos de Y, lorsque l'interlocuteur pense faire X ou qu'il est dans la situation de X. X peut être un nom, un verbe ou un adjectif. 「なら」est attaché à la forme neutre, mais lorsque X se termine par un adjectif な ou par un nom, cela prend la forme 「なA・N＋なら」.

① パソコンを買いたいんですが。
　…パソコンならパワー電気のがいいですよ。

(☞『みんなの日本語初級Ⅱ』Leçon 35)

② ワインを買うなら、あの酒屋に安くておいしいものがあるよ。
　Si tu achètes du vin, ce caviste en vend qui n'est pas cher et bon.

③ 日曜大工でいすを作るなら、まず材料に良い木を選ばなくてはいけません。
　Si vous bricolez vous-même la chaise, il faut tout d'abord choisir pour matériel un bon bois.

④ 頭が痛いなら、この薬を飲むといいですよ。
　Si vous avez mal à la tête, vous devriez prendre ce médicament.

⑤ 大学院への進学のことを相談するなら、どの先生がいいかな。
　Si je dois demander conseil sur l'orientation du master, je me demande à quel professeur je peux m'adresser.

読む・書く

～てくれ

(1) 「Ｖてくれ」s'emploie pour indiquer indirectement une consigne ou une requête. Pour l'expression directe, 「～てください」est utilisé.

① 田中さんはお母さんに「７時に起こしてください」と言いました。

M.Tanaka a dit à sa mère : « Réveillez-moi à sept heures. »

→ 田中さんはお母さんに何と言いましたか。

Qu'a dit M. Tanaka à sa mère ?

…７時に起こしてくれと言いました。

Il a demandé à sa mère de le réveiller à sept heures.

(2) Ｖてくれ est principalement utilisé par les hommes, et s'emploie pour demander quelque chose à une personne de statut ou âge inférieur.

② 部長：田中君、この資料をコピーして来てくれ。

Directeur : Tanaka, va faire la photocopie de ce document.

Leçon 8

1. (1) (2) 〜あいだ、… ・ 〜あいだに、…

$$\left.\begin{array}{l}\text{Vている}\\ \text{Nの}\end{array}\right\} + \left\{\begin{array}{l}\text{あいだ}\\ \text{あいだに}\end{array}\right.$$

(1) 「X あいだ、Y」 désigne le fait que pendant que X continue, Y continue simultanément.

① 電車に乗っているあいだ、本を読んでいた。

Pendant que j'étais dans le train, je lisais un livre.

② 夏休みのあいだ、ずっと国に帰っていた。

Je suis rentré dans mon pays, pendant toutes les vacances d'été.

(2) 「X あいだに、Y」 indique qu'un événement Y se produit pendant que l'état X continue.

③ 食事に出かけているあいだに、部屋に泥棒が入った。

Ma chambre a été cambriolée pendant que j'étais sorti pour manger.

④ 旅行のあいだに、アパートに泥棒が入った。

J'ai été cambriolé dans mon appartement pendant mon voyage.

Réf: 「あいだ (position)」：郵便局は銀行と本屋のあいだ（間）にあります。

(☞『みんなの日本語初級Ⅰ』Leçon 10)

2. (1) (2) 〜まで、… ・ 〜までに、…

$$\left.\begin{array}{l}\text{N}\\ \text{V en forme dictionnaire}\end{array}\right\} + \left\{\begin{array}{l}\text{まで}\\ \text{までに}\end{array}\right.$$

(1) Dans la structure 「X まで Y」, X indique la limite finale de Y, qui est une action ou un état qui continue.

① 3時までここにいます。

② 毎日9時から5時まで働きます。

(☞『みんなの日本語初級Ⅰ』Leçon 4)

X peut désigner un événement au lieu de l'heure.

③ 先生が来るまで、ここで待っていましょう。

Attendons ici jusqu'à ce que le professeur vienne.

(2) Dans la structure 「X までに Y」, X indique le délai, pour lequel Y est un événement qui se produit une fois (mais ce n'est pas une action ou un état qui continue).
① 3時までに帰ります。　　　　　　　　　　（☞『みんなの日本語初級Ⅰ』Leçon 17）
② 先生が来るまでに、掃除を終わらせた。
　Nous avons fini le nettoyage avant l'arrivée du professeur.

3. ～た～ （qualification nominale）

V た -forme ＋ N

(1) Lorsque la forme ている qualifie un nom en indiquant l'état résultant de l'action ou du changement, ている peut être remplacé par la forme た.
① 田中さんは眼鏡をかけています。→ 眼鏡をかけた田中さん
　Monsieur Tanaka porte les lunettes. → Monsieur Tanaka qui porte les lunettes.
② 線が曲がっている。→ 曲がった線
　La ligne est courbée. → la ligne courbée.

(2) Lorsque ている qualifie un nom en désignant l'action en cours, le sens change si ている est remplacé par た.
③ 山下さんは本を読んでいます。　　≠　　本を読んだ山下さん
　Monsieur Yamashita est en train de lire un livre.　≠　Monsieur Yamashita qui a lu un livre.
④ 東京電気で働いている友達　　≠　　東京電気で働いた友達
　Mon ami qui travaille à Tokyo électrique　≠　Mon ami qui a travaillé à Tokyo électrique.

Réf: 「ている （exprimant l'état résultant）」: 窓が割れています。
　　　　　　　　　　　　　　　　　　　　　　（☞『みんなの日本語初級Ⅱ』Leçon 29）

4. ～によって…

N ＋ によって

「X によって Y」 indique le fait que quelque chose varie en fonction de Y. Y est souvent un prédicat tel que 「違う」 (différent), 「変わる」 (change), 「さまざまだ」 (varié).
① 好きな食べ物は人によって違う。　　Tout le monde aime des aliments différents.
② 季節によって景色が変わる。　　Le paysage change selon la saison.

5. 〜たまま、… ・ 〜のまま、…

$$\left.\begin{array}{l}\text{V た -forme}\\ \text{N の}\end{array}\right\} + \text{まま}$$

「V たまま Y ／ N のまま Y」indique que quelqu'un fait Y avec l'état résultant de l'action Y ou du nom N. Cette structure est utilisée dans une situation où normalement l'on ne fait pas l'action Y avec l'état N.

① 眼鏡をかけたまま、おふろに入った。

    J'ai pris le bain avec mes lunettes.

② 昨夜の地震にはびっくりして、下着のまま、外に出た。

    Surpris par le tremblement de terre d'hier soir, je suis sorti en sous-vêtement.

6. …からだ（cause・raison）

(1) P (forme neutre) + からだ

(2) P (forme neutre) + のは、P (forme neutre) + からだ

(1) Cela exprime la cause ou la raison d'un événement. Cette structure s'emploie comme réponse à la question sur la raison.「から」est suivi d'une forme neutre.

① どうして医者になりたいんですか。　　Pourquoi voulez-vous devenir médecin ?
…医者は人を助けるすばらしい仕事だからです。

    Parce que médecin est un métier extraordinaire permettant de sauver des gens.

(2) Lorsque l'on mentionne le résultat d'abord, et ensuite la cause, la structure,「(forme neutre) + のは、…(forme neutre) + からだ」est utilisée.

② 急にドアが開いたのは、だれかがボタンを押したからだ。

    La raison pour laquelle la porte a été ouverte soudainement est que quelqu'un a appuyé sur le bouton.

Cependant,「…ので」qui exprime la cause comme「から」, ne peut pas prendre une telle construction. La construction「…のでだ／…のでです」est impossible.

Réf:　「…から (raison：construire une seule phrase en combinant deux phrases)」:
時間がありませんから、新聞を読みません。　　　　(☞『みんなの日本語初級Ⅰ』Leçon 9)

話す・聞く

髪／目／形 (cheveux/yeux/forme) をしている

Cela exprime l'apparence d'une personne ou d'un objet.

① リンリンちゃんは長い髪をしています。　　La petite Lin-Lin a des cheveux longs.
② この人形は大きい目をしています。　　Cette poupée a des grands yeux.
③ このパンは帽子みたいな形をしている。　　Ce pain a la forme d'un chapeau.

Leçon 9

1. お～ますです

C'est la forme du respect du verbe 「～している」. Cela s'emploie comme expression du respect de l'action en cours ou l'état résultant d'une action.

① 何をお読みですか。　　Puis-je savoir ce que vous êtes en train de lire ?
　= 何を読んでいますか。　　Qu'est-ce vous lisez?
② いい時計をお持ちですね。　　Vous portez une magnifique montre.
　= いい時計を持っていますね。　　Vous avez une superbe montre.

Avec un verbe d'état, cela décrit la situation actuelle avec respect.

③ 時間がおありですか。　　Auriez-vous du temps ?
　= 時間がありますか。　　Avez-vous du temps ?

Par ailleurs, avec un verbe indiquant l'arrivée ou le départ, cette structure peut être utilisée comme l'expression du respect de l'action au futur ou au passé, en fonction de la situation.

④ 部長は何時にお着きですか。　　A quelle heure arrivera Monsieur le directeur ?
　= 部長は何時に着きますか。　　A quelle heure arrivera le directeur ?
⑤ （夕方、隣の家の人に会って）今、お帰りですか。
　　（En fin de la journée, en rencontrant le voisin) Vous êtes rentré maintenant ?
　= 今、帰りましたか。　　Vous êtes rentré maintenant ?

Les verbes suivants prennent une forme particulière.

⑥ 行く・いる・来る（aller, être, venir）→ おいでです
　　来る（venir）→ お越しです・お見えです
　　食べる（manger）→ お召し上がりです
　　着る（s'habiller）→ お召しです
　　寝る（dormir）→ お休みです
　　住んでいる（habiter）→ お住まいです
　　知っている（connaître）→ ご存じです

2. ～てもかまわない

```
V て -forme
いA  －い → くて     ⎫
                    ⎬ ＋ もかまわない
なA  ⎫              ⎪
     ⎬ ＋で          ⎭
N    ⎭
```

「～てもかまわない」indique que l'on donne la permission ou l'admission. La phrase interrogative indique la demande de permission. Cela a le même sens que「～てもいい」, en plus formel.

① ここに座ってもかまいませんか。　　Permettez-vous que je m'assoie ici ?

② 間に合わなかったら、あしたでもかまいません。

Si Vous ne pouvez pas le faire à temps, vous pouvez le faire'pour demain.

Réf:「～てもいい (permission)」：写真を撮ってもいいです。

(☞『みんなの日本語初級Ⅰ』Leçon 15)

3. …ほど～ない・…ほどではない（comparaison）

```
(1) N              ⎫       ⎧ いA  －い → く ＋ ない
                   ⎬ ほど  ⎨
    V forme neutre ⎭       ⎩ なA  －だ → ではない

(2) N              ⎫
                   ⎬ ほどではない
    V forme neutre ⎭
```

(1)「A は B ほど X ではない」indique qu'aussi bien A que B sont X, mais que A est moins X que B.

① 中国は日本より広いが、ロシアほど広くはない。

La Chine est plus grande que le Japon, mais elle n'est pas aussi grande que la Russie.

② 八ヶ岳は有名な山だが、富士山ほど有名ではない。

Yatsugatake est une montagne connue, mais elle n'est pas aussi célèbre que le Mont Fuji.

③ 田中先生は厳しいですか。

Est-ce que le professeur Tanaka est sévère ?

…ええ、でも、鈴木先生ほど厳しくないですよ。

Oui, mais il n'est pas aussi sévère que le professeur Suzuki.

Un verbe à la forme neutre peut être utilisé pour B, tels que「思ったほど」「考えていたほど」.

④ このレストランは人気があるそうだが、料理は思ったほどおいしくなかった。

Il paraît que ce restaurant est populaire, mais leur cuisine n'était pas aussi bonne que ce que j'attendais.

(2) X peut être omis.
⑤ 10月に入って少し寒くなったが、まだコートを着るほどではない。

Depuis que nous sommes en octobre, il fait un peu plus froid, mais pas assez froid pour mettre un manteau.

4. ～ほど～はない／いない （comparaison）

Nほど { いA / なA －な } N ＋ はない／いない

「X ほど Y はない／いない」 signifie que « X est le plus Y ».

① スポーツのあとに飲むビールほどおいしいものはない。

Rien n'est plus bon que la bière que l'on boit après le sport.

② 田中さんほど仕事がよくできる人はいません。

Il n'y a personne qui soit plus compétent au travail que Monsieur Tanaka.

③ この島で見る星ほど美しいものはありません。

Rien n'est plus beau que les étoiles que l'on voit depuis cette île.

④ 田中先生ほど親切で熱心な先生はいない。

Aucun professeur n'est aussi gentil et enthousiaste que Monsieur Tanaka.

⑤ アジアで『ドラえもん』ほどよく知られている漫画はありません。

Aucun manga n'est aussi connu que « Doraemon » en Asie.

5. …ため［に］、…・…ためだ （cause, raison）

P (forme neutre),
いA
なA －な   ＋ { ため［に］ / ためだ }
Nの

「X ために、Y」 est une expression de style écrit indiquant que Y se produit en raison/à cause de X. Cela s'emploie dans un texte plus formel que pour 「から・ので」. La structure 「Y（の）は X ためだ」 est utilisée lorsque le résultat Y est mentionné avant la cause ou de la raison X comme prédicat.

① 大雪が降ったために、空港が使えなくなりました。

En raison de grande chute de neige, l'aéroport est devenu inutilisable.

② 空港が使えなくなったのは、大雪が降ったためです。

La raison pour laquelle l'aéroport est devenu hors d'usage est la grande chute de neige.

6. ～たら／～ば、…た （usage irréel）

Vたら／Vば、…た

いA　ーい → かったら／ければ、
なA　　　＋だったら／なら、 　　　　…た

Cette expression est utilisée lorsque l'on fait l'hypothèse sur ce qui aurait pu se produire si un événement autre avait été réalisé. La phrase se termine avec l'expression conjecturale, 「のに」, etc.

① もし昨日雨が降っていたら、買い物には出かけなかっただろう。

S'il avait plu hier, je ne serais pas allé faire des courses.

② お金があれば、このパソコンが買えたのに。

Si j'avais de l'argent, j'aurais pu acheter cet ordinateur.

③ この間見たパソコン、買ったんですか。

Avez-vous acheté l'ordinateur que vous aviez vu l'autre jour ?

…いいえ、もう少し安ければ、買ったんですが……。

Non, je l'aurais acheté s'il avait été un peu moins cher.

Réf:　「～たら（hypothèse）」：お金があったら、旅行します。

　　　「～たら（réalisation future est certaine）」：10時になったら、出かけましょう。

(☞『みんなの日本語初級Ⅰ』Leçon 25)

　　　「～ば（condition）」：ボタンを押せば、窓が開きます。

(☞『みんなの日本語初級Ⅱ』Leçon 35)

Leçon 10

1. (1) ⬚…はずだ⬚

```
V  ⎫
いA ⎬ forme neutre              ⎫
なA   forme neutre              ⎬ + はずだ
     －だ → な                   ⎪
N    forme neutre               ⎭
     －だ → の
```

「…はずだ」indique que le locuteur croit fortement que quelque chose est vrai, en se basant sur le calcul, la connaissance et la logique.

① 飛行機で東京まで1時間だ。2時に大阪を出発すれば3時には着くはずだ。

Cela prend une heure jusqu'à Tokyo en avion. Si je pars d'Osaka à 2 heures, je dois arriver à 3 heures.

② 薬を飲んだから、もう熱は下がるはずだ。

Comme j'ai pris le médicament, la fièvre devrait descendre.

③ 子どもが8人もいたから、生活は楽ではなかったはずだ。

Comme il avait 8 enfants, sa vie ne devait pas être facile

「はず」peut être utilisé comme un nom, sous la forme de「はずなのに」、「はずの」、「そのはず」, etc.

④ 山田さんは来ますか。　　M. Yamada viendra-t-il ?

　…はい、そのはずです。　Oui, il devrait venir.

Réf:「…はずだ」：

ミラーさんは今日来るでしょうか。

…来るはずですよ。昨日電話がありましたから。　　（☞『みんなの日本語初級Ⅱ』Leçon 46）

1. (2) …はずが／はない

```
V   }
いA  } forme neutre
なA   forme neutre        } + はずが／はない
      －だ → な
N     forme neutre
      －だ → の
```

「はずがない／はずはない」est la forme négative de「はずだ」qui signifie « impossible », « hors de question », etc. Cela s'emploie pour nier fortement quelque chose en s'appuyant sur un fondement.

① あんなに練習したんだから、今日の試合は負けるはずがない。

　　Je me suis tellement entraîné qu'il n'y a pas de raison que je perde le match d'aujourd'hui.

② 人気がある映画なのだから、おもしろくないはずはありません。

　　C'est un film populaire, donc ce n'est pas possible qu'il ne soit pas intéressant.

③ 階段の前に1週間前から赤い自転車が置いてある。ワットさんも赤い自転車を持っているが、今修理に出してある。だからこの自転車はワットさんの自転車のはずがない。

　　Il y a une bicyclette rouge posée depuis une semaine devant l'escalier. Monsieur Watt a aussi une bicyclette rouge, mais elle est actuellement en réparation. Donc cette bicyclette ne doit pas être celle de Monsieur Watt.

Lorsque l'on nie ce que l'interlocuteur a dit, en impliquant que ce n'est pas la réalité, on utilise la forme「そんなはずはない」.

④ かぎがかかっていなかったよ。　　Ce n'était pas fermé à clé.

　　…そんなはずはありません。　　Ce n'est pas possible !

1. (3) …はずだった

```
V   }
いA  } forme neutre
なA   forme neutre        } + はずだった
      －だ → な
N     forme neutre
      －だ → の
```

「…はずだった」, qui est la forme au passé de「…はずだ」, indique que le locuteur croyait que quelque chose allait se produire. Cela est souvent utilisé lorsque le résultat s'est avéré différent de ce qui est attendu.

① 旅行に行くはずだった。しかし、病気で行けなくなった。

　　Je devais partir en voyage. Mais je suis malade et je ne pouvais plus partir.

② パーティーには出ないはずだったが、部長が都合が悪くなったので、わたしが出席することになった。

　　Je ne devais pas assister à la réception, mais comme mon directeur du département a eu un empêchement, je dois y assister à sa place.

Réf: 「…はずだ」：
　　ミラーさんは今日来るでしょうか。
　　…来るはずですよ。昨日電話がありましたから。　　(☞『みんなの日本語初級Ⅱ』Leçon 46)

2. …ことが／もある

V　en forme dictionnaire
V　ない-forme　―ない
いA
なA　―な
Nの
} + ことが／もある

(1) 「ことがある・こともある」signifie qu'un événement X se produit ou une situation X arrive de temps en temps.

① 8月はいい天気が続くが、ときどき大雨が降ること {が／も} ある。

　　En août, il fait beau tous les jours, mais il arrive qu'il pleuve fort.

② 母の料理はいつもおいしいが、ときどきおいしくないこと {が／も} ある。

　　La cuisine de ma mère est en général délicieuse, mais il arrive de temps en temps qu'elle n'est pas bonne.

③ このスーパーはほとんど休みがないが、たまに休みのこと {が／も} ある。

　　Ce supermarché ne ferme presque jamais, mais il arrive qu'il ferme occasionnellement.

(2) 「ことがある」et「こともある」s'emploient, dans la majorité des cas, avec le même sens.

④ このエレベーターは古いから、たまに止まること {が／も} ある。

　　Comme cet ascenseur est vieux, il arrivent qu'il s'arrête.

⑤ 彼女の電話はいつも長いが、たまには短いこと {が／も} ある。

　　Elle parle toujours longtemps au téléphone, mais quelques fois non.

⑥ うちの子どもたちはとても元気だが、1年に何度か熱を出すこと {が／も} ある。

Mes enfants sont en bonne santé, mais il arrive qu'ils aient de la fièvre quelques fois par an.

Réf: 「V た -forme + ことがある（expérience）」：

わたしはパリに行ったことがあります。 (☞『みんなの日本語初級 I』Leçon 19)

3. ～た結果、…・～の結果、…

$$\left.\begin{array}{l} \text{V た -frome} \\ \text{N の} \end{array}\right\} + \text{結果（résultat）、…}$$

Cette structure montre que l'action「～」a entraîné l'événement「…」. Elle est principalement utilisée à l'écrit, mais aussi souvent dans les informations à la télévision ou à la radio.

① {調査した／調査の} 結果、この町の人口が減ってきていることがわかりました。

L'enquête a démontré que la population de cette ville est en diminution.

② 両親と {話し合った／の話し合いの} 結果、アメリカに留学することに決めました。

Après avoir discuté avec mes parents, j'ai décidé d'aller étudier aux États-Unis.

4. (1) ～出す（verbe composé）

「V ます -forme + 出す」signifie que l'action indiquée par V commence.

Ex. 泣き出す (se mettre à pleurer)、(雨が) 降り出す (commencer à pleuvoir)、動き出す (commencer à bouger)、歩き出す (commencer à marcher)、読み出す (commencer à lire)、歌い出す (commencer à chanter)、話し出す (commencer à parler).

① 急に雨が降り出した。　Il s'est mis soudain à pleuvoir.

「V ます -forme + 出す」ne peut pas être utilisé pour l'invitation ni la requête.

② 先生がいらっしゃったら、{○食べ始めましょう／×食べ出しましょう}。(invitation)

Quand le professeur arrive, commençons à manger.

③ 本を {○読み始めてください／×読み出してください}。(requête)

Commencez à lire le livre.

4．(2) 〜始める・〜終わる・〜続ける （verbes composés）

Ces verbes composés montrent respectivement que V commence, V se termine et V continue.

① 雨は3時間くらい続きましたが、電話がかかってきたのは、｛○雨が降り始めた／×雨が降った｝ときでした。

La pluie a duré environ 3 heures, mais c'était lorsqu'il s'est mis à pleuvoir que j'ai eu un appel téléphonique.

② 宿題の作文を｛○書き終わる／×書く｝前に、友達が遊びに来た。

Mon ami est passé me voir avant que je finisse d'écrire mon devoir de composition.

③ 5分間走り続けてください。　　Continuez à courir pendant 5 minutes.

4．(3) 〜忘れる・〜合う・〜換える （Verbes composés）

(1) 「V ます -forme ＋忘れる」signifie « oublier de faire V ».

① 今日の料理は塩を入れ忘れたので、おいしくない。

Le plat d'aujourd'hui n'est pas bon parce que j'ai oublié de mettre du sel.

(2) 「V ます -forme ＋合う」signifie que « plusieurs personnes ou choses font V mutuellement ».

② 困ったときこそ助け合うことが大切だ。

C'est quand nous sommes en difficulté que l'entraide est importante.

(3) 「V ます -forme ＋換える」signifie qu'on change quelque chose en faisant V.

③ 部屋の空気を入れ換えた。　　J'ai aéré la pièce.

④ 電車からバスに乗り換えた。　　Je suis descendu du train et j'ai pris le bus.

読む・書く

…ということになる

「…ということになる」est utilisé pour amener à une conclusion impliquée par un certain nombre d'information

① 申し込む学生が10人以上にならなければ、この旅行は中止ということになる。

Si les étudiants inscrits ne sont pas plus de 10, cela implique que le voyage est annulé.

② 今夜カレーを食べれば、3日続けてカレーを食べたということになる。

Si on mange un curry ce soir, cela fera trois jours de suite que l'on mange du curry.

Leçon 11

1. ～てくる・～ていく （changement）

(1) 「～てくる」indique que quelque chose arrive à la situation actuelle à travers un processus de changement.

① だんだん春らしくなってきました。 Petit à petit, le temps est devenu printanier.

(2) 「～ていく」indique que le mouvement s'oriente en direction d'un changement futur.

② これからは、日本で働く外国人が増えていくでしょう。

A partir de maintenant, les travailleurs étrangers au Japon vont augmenter.

Réf: 「～てくる・～ていく (direction du déplacement)」: 兄が旅行から帰ってきた。

(☞『みんなの日本語中級Ⅰ』Leçon 6)

2. ～たら［どう］？

Vたら

(1) Cette structure est utilisée lorsque le locuteur fait simplement la suggestion 「～すること」pour le choix de son interlocuteur。「～たらいかがですか」est plus poli que 「～たらどう？」.

① A：今日は恋人の誕生日なんだ。

Aujourd'hui, c'est l'anniversaire de ma petite amie.

B：電話でもかけて ｛あげたらどう／あげたらいかがですか｝？

Et si tu lui téléphonais / vous lui téléphoniez ou quelque chose comme ça ?

(2) 「～たらどう？／～たら？」s'emploie avec une personne plus jeune ou qui a un statut inférieur ou bien avec une personne proche telle que la famille ou l'ami.

② A：少し熱があるみたい…。 Il me semble que j'ai un peu de fièvre.

B：薬を飲んで、今日は早く寝たら？

Si tu prenais un médicament et tu allais au lit tôt aujourd'hui ?

3. …より…ほうが… （comparaison）

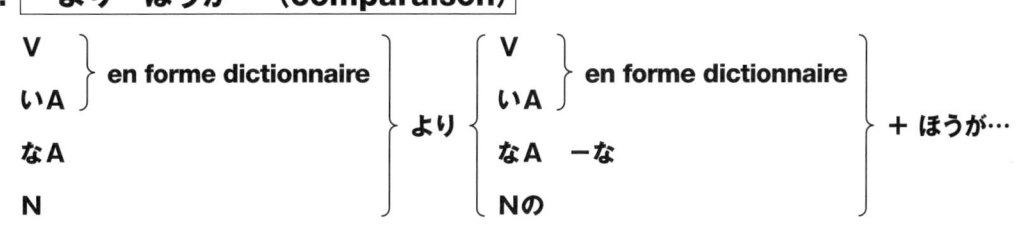

$\left.\begin{array}{l}V \\ いA \\ なA \\ N\end{array}\right\}$ en forme dictionnaire $\Biggr\}$ より $\Biggl\{$ $\left.\begin{array}{ll}V & \\ いA & \\ なA & －な \\ Nの &\end{array}\right\}$ en forme dictionnaire $\Biggr\}$ ＋ ほうが…

(1) 「YよりXほうが…」s'emploie principalement comme la réponse à la question 「XとYとではどちらが…ですか」.

① 北海道と東京とではどちらが寒いですか。

Quel est le plus froid, Hokkaido ou Tokyo ?

…○北海道のほうが寒いです。　　C'est à Hokkaido qu'il fait plus froid.
　×北海道は東京より寒いです。　　A Hokkaido il fait plus froid qu'à Tokyo.

(2) La structure 「YよりXほうが…」 peut être utilisée même si elle n'est pas une réponse à une question. Dans ce cas-là, cela véhicule la nuance : Vous pensez que « Y est plus… que X », mais en réalité, c'est le contraire.

② 今日は、北海道より東京のほうが気温が低かったです。

Aujourd'hui, la température était plus basse à Tokyo qu'à Hokkaido.

③ 漢字は見て覚えるより書いて覚えるほうが忘れにくいと思います。

Je pense que l'on oublie moins le kanji si l'on apprend en écrivant plutôt qu'en regardant seulement.

④ パーティーの料理は少ないより多いほうがいいです。

Il vaut mieux avoir beaucoup de nourriture à une réception qu'en avoir peu.

⑤ 子どもに食べさせる野菜は、値段が安いより安全なほうがいい。

Il est plus important que les légumes que l'on donne aux enfants soient sûrs plutôt que bon marché.

Réf: 「〜は〜より (comparaison)」：この車はあの車より大きいです。

「〜がいちばん〜 (le maximum de quelque chose exprimé par l'adjectif)」：
日本料理［の中］で何がいちばんおいしいですか。
…てんぷらがいちばんおいしいです。　　　　　　（☞『みんなの日本語初級I』Leçon 12）

4. 〜らしい

Nらしい

「N₁ らしい N₂」 indique que N₂ possède la propriété typique de N₁.

① 山本さんの家はいかにも日本の家らしい家です。

La maison de M. Yamamoto est typiquement une maison japonaise.

② 春らしい色のバッグですね。

C'est un sac avec une couleur printanière, n'est-ce pas ?

③ これから試験を受ける会社へ行くときは学生らしい服を着て行ったほうがいいですよ。

Si vous allez dans l'entreprise où vous passez l'examen, vous feriez mieux de porter un vêtement qui vous donne l'air étudiant.

「N らしい」peut devenir prédicat de la phrase.

④ 今日の田中さんの服は学生らしいね。

   Le vêtement de M. Tanaka est typiquement celui d'un étudiant.

⑤ 文句を言うのはあなたらしくない。　Cela ne vous ressemble pas de vous plaindre.

5. ...らしい (ouï-dire, conjecture)

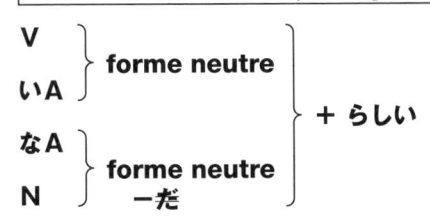

V ⎫
いA ⎬ forme neutre ⎫
      ⎬   ⎬ + らしい
なA ⎫ forme neutre ⎭
N ⎭ −だ

(1) 「…らしい」indique que 「…」est une information obtenue par une source indirecte (lue ou entendue, etc.).

① 新聞によると、昨日の朝中国で大きい地震があったらしい。

   Selon le journal, il y a eu un grand tremblement de terre en Chine hier matin.

② 雑誌で見たんだけど、あの店のケーキはおいしいらしいよ。

   J'ai lu dans un magazine que les gâteaux de ce magasin sont délicieux.

③ 先生の話では、試験の説明は全部英語らしい。

   Selon le professeur, les consignes de l'examen semblent être tout en anglais.

(2) 「…らしい」exprime également la supposition du locuteur (conjecture), s'appuyant sur l'information qu'il a vue ou écoutée, etc.

④ パーティーが始まったらしい。会場の中からにぎやかな声が聞こえてくる。

   La réception semble avoir commencé. J'entends les voix joyeuses des gens dans la salle.

⑤ 山田さんはずいぶんのどがかわいていたらしい。コップのビールを休まずに全部飲んでしまったよ。

   M. Yamada avait vraiment soif, semble-t-il. Il a vidé son verre de bière d'un seul trait.

Réf: 「N らしい (comparaison, exemplification)」：春らしい色のバッグですね。

6. ～として

Nとして

Dans「～として」,「～」indique une qualification, une position ou un point de vue.

① 会社の代表として、お客さんに新しい商品の説明をした。

J'ai expliqué notre nouveau produit aux clients en tant que représentant de la société.

② 東京は、日本の首都として世界中に知られている。

Tokyo est connu dans le monde entier en tant que capitale du Japon.

7. (1) ～ず[に]… (circonstance d'accompagnement, moyen)

Vない-forme ＋ ず[に]… (Mais,「～する」→「～せず」)

「～ず[に]…」indique la circonstance d'accompagnement ou le moyen. Il a le même sens que「ないで…」, mais c'est un style plutôt écrit.

① その男は先週の土曜日にこの店に来て、一言も話さず、酒を飲んでいた。

Cet homme est venu à ce bar samedi dernier, il buvait de l'alcool sans dire un mot.

② 急いでいたので、かぎを{かけずに／かけないで}出かけてしまった。

（circonstance d'accompagnement）

Comme j'étais pressé, je suis parti sans fermer à clé.

③ 辞書を{使わずに／使わないで}新聞が読めるようになりたい。(moyen)

Je veux être capable de lire le journal sans utiliser le dictionnaire.

7. (2) ～ず、… (cause, raison, juxtaposition)

Vない-forme ＋ ず、… (Mais,「～する」→「～せず」)

(1)「～ず、…」exprime la cause ou la raison comme「～なくて、…」, il s'emploie plutôt à l'écrit.

① 子どもの熱が{下がらず／下がらなくて}、心配しました。

La fièvre de mon enfant n'a pas baissé, ce qui m'a donné du souci.

(2)「Xず、Y」est aussi utilisé pour exprimer la juxtaposition :

② 田中さんは今月出張せず、来月出張することになりました。

Il a été décidé que M. Tanaka ne fera pas le voyage d'affaire ce mois-ci, mais le fera le mois prochain.

Réf:「～なくて (cause et résultat)」：家族に会えなくて、寂しいです。

(☞『みんなの日本語初級 II』Leçon 39)

8. 〜ている (expérience, antécédent)

(1) 「〜ている」indique qu'il y a un fait historique, de l'expérience ou un antécédent. Il s'emploie souvent avec le nombre de fois ou l'adverbe de durée, etc. tels que 「〜回」(〜 fois)「長い間」(longtemps).

① この寺は今まで2回火事で焼けている。

　　Ce temple a brulé 2 fois jusqu'à présent.

② 京都では長い間大きな地震が起こっていない。もうすぐ地震が来るかもしれない。

　　Il n'y a pas eu de grand tremblement de terre depuis longtemps à Kyoto. Il se peut qu'un tremblement de terre survienne bientôt.

(2) 「〜ている」s'emploie lorsqu'une certaine action qui a eu lieu est pertinente à la situation actuelle.

③ 田中さんは高校のときアメリカに留学している。だから、英語の発音がきれいだ。

　　M. Tanaka a étudié aux États-Unis quand il était lycéen. C'est pourquoi il a une bonne prononciation en anglais.

Réf: 「〜ている (continuité)」：ミラーさんは今電話をかけています。

(☞『みんなの日本語初級Ⅰ』Leçon 14)

「〜ている (état résultant)」：サントスさんは結婚しています。

(☞『みんなの日本語初級Ⅰ』Leçon 15)

「〜ている (habitude)」：毎朝ジョギングをしています。

(☞『みんなの日本語初級Ⅱ』Leçon 28)

「〜ている (état résultant)」：窓が割れています。

(☞『みんなの日本語初級Ⅱ』Leçon 29)

話す・聞く

〜なんかどう？

「〜なんか」s'emploie lorsque le locuteur montre un exemple convenable à son interlocuteur. Cela insinue qu'il peut y avoir d'autres choses à proposer, ce qui permet d'éviter d'imposer son idée à l'interlocuteur.

① ［店で］これなんかいかがでしょうか。

　　［Dans un magasin］ Que diriez-vous de celui-ci ?

② A：次の会長はだれがいいかな。

　　Qui pourrait bien être le prochain président de l'association ?

　　B：田中さんなんかいいと思うよ。

　　Je pense que M. Tanaka sera bien.

「〜などどうですか」est une expression un peu plus formelle.

Leçon 12

1. …もの／もんだから

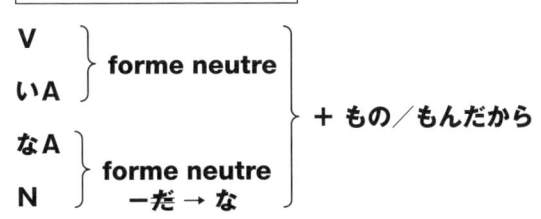

```
V     ⎫
いA    ⎬ forme neutre
      ⎭                ⎫
                       ⎬ ＋ もの／もんだから
なA    ⎫ forme neutre   ⎭
N     ⎬ －だ → な
      ⎭
```

「…もの／もんだから」exprime la cause ou la raison.

① 急いでいたものですから、かぎをかけるのを忘れてしまいました。

Comme j'étais pressé, j'ai oublié de fermer à clé.

② とても安かったものだから、買いすぎたんです。

Comme c'était très bon marché, j'en ai trop acheté.

La structure 「X ものだから Y」peut être utilisée lorsqu'un évènement indésirable Y s'est produit, pour justifier ou pour montrer la raison afin de se décharger de sa responsabilité.

③ A：どうしてこんなに遅くなったんですか。

Pourquoi êtes-vous arrivé si tard ?

B：すみません。出かけようとしたら、電話がかかってきたものですから。

Excusez-moi, j'ai eu un appel au moment où je partais.

「…ものだから」ne convient pas pour exprimer la cause ou la raison objective, à la différence de「から」et「ので」.

④ この飛行機は1時間に300キロ飛ぶ｛○から／○ので／×ものだから｝、3時間あれば向こうの空港に着く。

Etant donné que cet avion vole à 300 km/h, trois heures suffisent pour arriver à l'aéroport de destination.

Réf: 「…から (raison)」：どうして朝、新聞を読みませんか。…時間がありませんから。

(☞『みんなの日本語初級Ⅰ』Leçon 9)

2. (1) ～（ら）れる（passif indirect（verbe intransitif））

Outre le passif direct pour lequel le complément d'objet (Y) du verbe transitif (V) de la phrase「X が（は）Y を V する」devient le sujet de la phrase, il existe le passif indirect. Dans ce cas, Y de la phrase「X が（は）Y に V する」devient le sujet ou bien le propriétaire (Z) du complément d'objet (Y) du verbe transitif (V) de la phrase「X が Y の Z を V

する」devient le sujet de la phrase.
① 先生はわたしを注意した。(を → が（は）)
   → わたしは先生に注意された。
② 部長はわたしに仕事を頼んだ。(に → が（は）)
   → わたしは部長に仕事を頼まれた。
③ 泥棒がわたしの財布を盗んだ。(の → が（は）)
   → わたしは泥棒に財布を盗まれた。　　　　(①〜③☞『みんなの日本語初級Ⅱ』Leçon 37)

De plus, en japonais, il est possible de mettre le verbe intransitif (V) de la phrase「Xが（は）Vする」au passif. Dans ce cas-là, la personne qui reçoit une influence par l'action (X) devient le sujet. La phrase exprime alors que la personne subit une influence négative (ennuie, dégât).

④ 昨日雨が降った。(verbe intransitif)　　Il a plu hier.
   → わたしは昨日雨に降られて、ぬれてしまった。(passif du verbe intransitif)
   Hier, j'ai été surpris par la pluie et j'étais trempé.
⑤ あなたがそこに立つと、前が見えません。(verbe intransitif)
   → あなたにそこに立たれると、前が見えません。(passif du verbe intransitif)
   Si vous êtes debout là, je ne peux plus voir devant moi.

Il arrive que le propriétaire du sujet du verbe intransitif devient le sujet de la phrase.

⑥ わたしの父が急に死んで、わたしは大学に行けなかった。(verbe intransitif)
   Mon père a décédé subitement, je ne pouvais donc pas aller à l'université.
   → わたしは父に急に死なれて、大学に行けなかった。
   (passif du verbe intransitif)
   J'étais affecté par le décès de mon père, je ne pouvais donc pas aller à l'université.

2. (2) 〜（ら）れる (passif indirect (verbe transitif))

Le passif exprimant le fait d'avoir subi un ennuie ou un dégât peut être utilisé avec le verbe transitif.

① こんなところに信号を作られて、車が渋滞するようになってしまった。

　　On a construit les feux à un tel endroit que cela a causé un embouteillage de voitures.
② わたしの家の前にゴミを捨てられて困っています。

　　Je suis ennuyé car on jette les déchets devant ma maison.

　Réf: 「～（さ）せられる／される（causatif passif）」：
　　太郎君は先生に掃除をさせられた。　　　　　　　　　　（☞『みんなの日本語中級Ⅰ』Leçon 4）

3. ～たり～たり

Vたり

いA → ーいかったり

なA → ーだったり

N → ーだったり

(1) 「～たり～たり」montre deux exemples convenables ou plus parmi quelques actions.
　① 休みの日は、洗濯をしたり、掃除をしたりします。（énumération des actions）

　　　　　　　　　　　　　　　　　　　　　　　　　　　（☞『みんなの日本語初級Ⅰ』Leçon 19）

(2) La structure「V₁ たり V₂ たり」indique également que V₁ et V₂ se produisent alternativement lorsque V₁ et V₂ sont des verbes au sens opposé.
　② 映画を見ているとき笑ったり泣いたりしました。

　　Pendant que je regardais le film, j'ai alterné entre le rire et le pleur.
　③ この廊下は人が通ると、電気がついたり消えたりします。

　　Lorsque quelqu'un passe dans ce couloir, la lumière s'allume et s'éteint.

Cette structure peut être connectée aux adjectifs pour montrer qu'il y a une certaine variété.
　④ この店の食べ物は種類が多くて、甘かったり辛かったりします。

　　Les plats de ce restaurant sont variés, il y en a aussi bien des sucrés que des salés.

4. ～っぱなし

Vます-forme ＋ っぱなし

「～っぱなし」indique que la situation créée par une action continue longuement. La conséquence est donc indésirable, car dans l'état normal, la situation doit être rapidement terminée.

① 服が脱ぎっぱなしだ。片づけないから、部屋が汚い。

　　Les vêtements qu'on a enlevés sont laissés négligemment. Comme on ne les range pas, la chambre est en désordre.

② こらっ。ドアが開けっぱなしだよ。早く閉めなさい。

　　Hé, tu as laissé la porte ouverte! Ferme vite.

Réf: 「～たまま、…・～のまま、…」：眼鏡をかけたまま、おふろに入った。

(☞『みんなの日本語中級Ⅰ』Leçon 8)

5.（1） …おかげで、…・…おかげだ

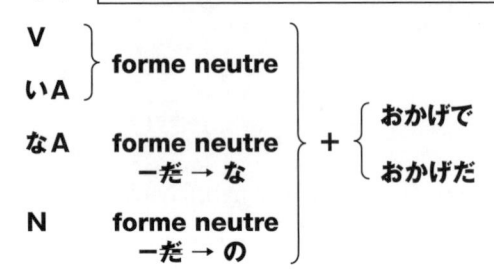

```
V  ⎫
いA ⎬ forme neutre      ⎫
なA  forme neutre         ⎬ + ⎧ おかげで
     −だ → な             ⎭   ⎩ おかげだ
N   forme neutre
     −だ → の
```

「X おかげで」et「Y・X おかげだ」s'emploient lorsque la cause X a entraîné un résultat favorable Y.

① 先生が手紙を書いてくださったおかげで、大きい病院で研修を受けられることになった。

　　Grâce au professeur qui a écrit une lettre en ma faveur, j'ai pu faire un stage dans un grand hôpital.

② 値段が安かったおかげで、たくさん買えました。

　　Grâce à son modique prix, j'ai pu en acheter beaucoup.

③ 地図の説明が丁寧なおかげで、待ち合わせの場所がすぐにわかりました。

　　Grâce à l'explication claire du plan, j'ai tout de suite trouvé le lieu de rendez-vous.

④ 皆様のおかげで、スピーチ大会で優勝することができました。

　　Grâce au soutien de vous tous, j'ai pu remporter dans le concours du discours.

5．(2) …せいで、…・…せいだ

```
V  ┐
いA ├ forme neutre        ┐
なA   forme neutre        ├ + ┌ せいで
     ー だ → な          │   └ せいだ
N    forme neutre        ┘
     ー だ → の
```

En revanche, lorsqu'un résultat défavorable s'est produit, 「…せいで」 ou 「…せいだ」 sont utilisés.

① 事故のせいで、授業に遅れてしまった。

　Je suis arrivé en retard pour le cours à cause d'un accident.

② ｜風邪薬を飲んでいる／風邪薬の｜せいで、眠くなった。

　Le fait que je prenne le médicament pour le rhume / Le médicament pour le rhume m'a donné sommeil.

話す・聞く

…みたいです（conjecture）

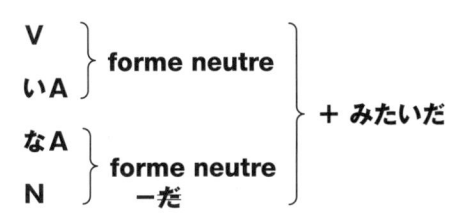

```
V  ┐
いA ├ forme neutre        ┐
なA ┐                     ├ + みたいだ
N  ┴ forme neutre        ┘
     ー だ
```

「…みたいです」 indique qu'il s'agit d'un jugement basé sur une circonstance apparente.

① 電気が消えているね。隣の部屋は留守みたいだね。

　La lumière est éteinte. Apparemment, le voisin n'est pas là.

② 田中さんはお酒を飲んだみたいです。顔が赤いです。

　On dirait que M. Tanaka a bu de l'alcool. Son visage est rouge.

「…みたいです」 signifie la même chose que 「…ようだ」, mais à l'écrit ou à l'oral dans la situation formelle il convient d'utiliser 「…ようだ」.

③ 資料が届いたようですので、事務室に取りに行ってまいります。

　Il me semble que les documents sont arrivés, donc je vais aller les chercher au secrétariat.

Réf: 「…ようだ（jugement basé sur des circonstances）」：
　　隣の部屋にだれかいるようです。

(☞『みんなの日本語初級Ⅱ』Leçon 47)

読む・書く

どちらかと言えば、〜ほうだ

V   ⎫
いA ⎬ forme neutre   ⎫
     ⎭   ⎬ + ほうだ
なA forme neutre   ⎭
    －だ → な

La structure「どちらかと言えば、X ほうだ」indique que strictement parlant le sujet n'est pas complètement X mais il peut être plutôt qualifié de X dans l'ensemble.

① この辺りには高い店が多いのですが、この店はどちらかと言えば、安いほうです。
   Dans ces environs, il y a beaucoup de boutiques chères, mais cette boutique est plutôt raisonnable pour ce quartier.

② わたしはどちらかと言えば、好き嫌いはあまりないほうだ。
   Je me range plutôt parmi les personnes qui mangent de tout.

③ この町はわたしの国ではどちらかと言えば、にぎやかなほうです。
   Dans mon pays, cette ville est plutôt considérée comme une ville animée.

④ 食事しながらお酒を飲みますか。
   Buvez-vous de l'alcool à table ?
   …そうですね。いつもではありませんが、どちらかと言えば、飲むほうですね。
   Eh bien, ce n'est pas toujours le cas, mais j'ai tendance à boire.

〜ます／ませんように

(1)「〜ますように／〜ませんように」signifie « souhaiter, espérer ou prier pour que quelque chose arrive ou n'arrive pas » et est utilisé souvent comme monologue ou un avertissement à autrui, accompagné de「どうか」ou「どうぞ」.

① 優しい人と結婚できますように。
   Pourvu que je puisse me marier avec quelqu'un de gentil.

② どうか大きい地震が起きませんように。
   Pourvu qu'un grand tremblement de terre ne survienne pas.

③ 先生もどうぞ風邪をひかれませんように。
   Professeur, prenez soin de vous pour ne pas attraper la grippe.

Tableau des contenus d'apprentissage

Leçon	話す・聞く (parler・écouter)	読む・書く (lire・écrire)
Leçon 1 Objectifs	お願いがあるんですが (J'ai une faveur à vous demander.) Faire poliment une requête qu'on hésite à faire. Exprimer sa gratitude.	畳 (*Tatami*) Lire le texte en repérant les passages sur l'histoire et les avantages d'un objet mentionné.
Grammaire	1. ～てもらえませんか・～ていただけませんか・～てもらえないでしょうか・～ていただけないでしょうか	2. ～のようだ・～のような～・～のように… 3. ～ことは／が／を 4. ～を～と言う 5. ～という～ 6. いつ／どこ／何／だれ／どんなに～ても
Points supplémentaires	＊～じゃなくて、～	＊…のだ・…のではない ＊何人も、何回も、何枚も…
Leçon 2 Objectifs	何のことですか (Qu'est-ce que cela veut dire?) Demander le sens d'un mot incompris et vérifier ce qu'il faut faire.	外来語 (mots d'origine étrangère) Trouver des exemples et des points de vue.
Grammaire	1. (1) ～たら、～た 　 (2) ～たら、～た 2. ～というのは～のことだ・～というのは…ということだ	5. ～みたいだ・～みたいな～・～みたいに…

	3．…という～ 4．…ように言う／注意する／伝える／頼む	
Points supplémentaires	＊～ところ	
Leçon 3	遅れそうなんです (Je serai probablement en retard.)	時間よ、止まれ！ (Arrête le temps!)
Objectifs	Expliquer une circonstance et s'excuser poliment. Demander poliment un changement de programme.	Deviner le contenu d'un texte à partir d'un graphique.
Grammaire	1．～(さ)せてもらえませんか・～(さ)せていただけませんか・～(さ)せてもらえないでしょうか・～(さ)せていただけないでしょうか 2．(1) …ことにする 　(2) …ことにしている 3．(1) …ことになる 　(2) …ことになっている	4．～てほしい・～ないでほしい 5．(1) ～そうな～・～そうに… 　(2) ～なさそう 　(3) ～そうもない
Points supplémentaires	＊～たあと、…	
Leçon 4	伝言、お願いできますか (Pourriez-vous transmettre mon message?)	電話嫌い (phobie de téléphone)
Objectifs	Demander de transmettre/ recevoir un message. Laisser un message sur le répondeur téléphonique.	Lire le texte en observant un changement de sentiment.

Grammaire	1. …ということだ 2. …の・…の？ 3. 〜ちゃう・〜とく・〜てる	4. 〜（さ）せられる・〜される 5. 〜である 6. 〜ます、〜ます、…・〜くも、〜くも、… [forme suspensive] 7. (1) 〜（た）がる 　(2) 〜（た）がっている 8. …こと・…ということ
Points supplémentaires	*〜の〜 *〜ましたら、…・〜まして、…	
Leçon 5 Objectifs	どう行ったらいいでしょうか **(Comment faut-il aller?)** Demander/expliquer la façon d'aller quelque part. Demander/expliquer le chemin pour aller quelque part.	地図 **(le plan)** Lire le texte en réfléchissant à la raison de quelque chose.
Grammaire	1. (1) あ〜・そ〜 　(2) そ〜 2. …んじゃない？ 3. 〜たところに／で	4. (1) 〜（よ）う [forme volitive] とする 　(2) 〜（よ）う [forme volitive] とする／しない 5. …のだろうか 6. 〜との／での／からの／までの／への〜 7. …だろう・…だろうと思う
Points supplémentaires	*…から、〜てください	*が／の

Leçon 6	行かせていただきたいんですが (Je voudrais vous demander la permission pour aller…)	メンタルトレーニング (training mental)
Objectifs	Demander la permission. Négocier pour obtenir la permission.	Lire en réfléchissant à ce que chaque「こそあど」désigne dans le texte.
Grammaire	1．(1) …て…・…って… 　　(2) ～って…	2．(1) ～つもりはない 　　(2) ～つもりだった 　　(3) ～たつもり・～ているつもり 3．～てばかりいる・～ばかり～ている 4．…とか…
		5．～てくる 6．～てくる・～ていく
Points supplémentaires		＊こ～
Leçon 7	楽しみにしてます・遠慮させてください (J'attends avec plaisir/Vous m'excuserez de ne pas…)	まんじゅう、怖い (J'ai peur de *manju* (gâteau à vapeur farci à la pâte de haricot rouge sucré)
Objectifs	Accepter une invitation avec plaisir. Décliner poliment une invitation en présentant la raison.	Lire le texte en relevant qui est en train de parler.
Grammaire	1．(1) ～なくてはならない／いけない・～なくてもかまわない	4．(1) ～なんか… 　　(2) …なんて… 5．(1) ～（さ）せる

111

	(2) 〜なくちゃ／〜なきゃ［いけない］ 2．…だけだ・［ただ］…だけでいい 3．…かな	(2) 〜（さ）せられる・〜される 6．…なら、…
Points supplémentaires		＊〜てくれ
Leçon 8	迷子になっちゃったんです (Je suis perdu)	科学者ってどう見える？ (Comment est perçu le scientifique?)
Objectifs	Décrire une personne ou un objet en détail.	Trouver la réponse à la question posée par le titre. Lire le texte en réfléchissant à l'enchaînement des phrases.
Grammaire	1．(1) 〜あいだ、… 　　(2) 〜あいだに、… 2．(1) 〜まで、… 　　(2) 〜までに、… 3．〜た〜	4．〜によって… 5．〜たまま、…・〜のまま、… 6．…からだ
Points supplémentaires	＊髪／目／形　をしている	
Leçon 9	どこが違うんですか (Quelle est la différence?)	カラオケ (Karaoké)
Objectifs	Faire savoir les souhaits et les conditions d'achat d'un produit. Comparer et choisir.	Comprendre avec précision les faits. Comprendre l'opinion de l'auteur.

Grammaire	1．お〜~~ます~~です 2．〜てもかまわない 3．…ほど〜ない・…ほどではない	4．〜ほど〜はない／いない 5．…ため［に］、…・…ためだ 6．〜たら／〜ば、…た
Leçon 10 Objectifs	そんなはずはありません (Ce que vous dites n'est pas possible) Répondre avec sang-froid à un malentendu.	記憶型と注意型 (type-mémoire et type-attention) Lire en cherchant des différences. Comprendre la conclusion.
Grammaire	1．(1) …はずだ 　(2) …はずが／はない 　(3) …はずだった	2．…ことが／もある 3．〜た結果、…・〜の結果、… 4．(1) 〜出す 　(2) 〜始める・〜終わる・〜続ける 　(3) 〜忘れる・〜合う・〜換える
Points supplémentaires		＊…ということになる
Leçon 11 Objectifs	お勧めのところ、ありませんか (Y a-t-il un endroit que vous me recommanderiez?) Faire / recevoir une suggestion.	白川郷の黄金伝説 (légende d'or de Shirakawa-go) Deviner le contenu du texte à partir d'une photo. Comprendre la raison pour laquelle la légende d'or est née.
Grammaire	1．〜てくる・〜ていく 2．〜たら［どう］？	5．…らしい 6．〜として

	3．…より…ほうが…	7．(1) ～ず[に]…
	4．～らしい	(2) ～ず、…
		8．…ている
Points supplémentaires	＊～なんかどう？	
Leçon 12	ご迷惑（めいわく）をかけてすみませんでした (Je suis désolé de vous avoir causé tous ces ennuis.)	【座談会（ざだんかい）】　日本（にほん）で暮（く）らす ([Table ronde] Vivre au Japon)
Objectifs	S'excuser à le suite d'une plainte. Expliquer les circonstances.	Lire le texte en comparant les différentes opinions.
Grammaire	1．…もの／もんだから 2．(1) ～（ら）れる 　　(2) ～（ら）れる	3．～たり～たり 4．～っぱなし 5．(1) …おかげで、…・…おかげだ 　　(2) …せいで、…・…せいだ
Points supplémentaires	＊…みたいです	＊どちらかと言（い）えば、～ほうだ ＊～ます／ませんように

文法担当　Grammaire
　庵功雄（Isao Iori）　　高梨信乃（Shino Takanashi）　　中西久実子（Kumiko Nakanishi）
　前田直子（Naoko Maeda）

執筆協力　Collaboration rédactionnelle
　亀山稔史（Toshifumi Kameyama）　　澤田幸子（Sachiko Sawada）
　新内康子（Koko Shin'uchi）　　　　関正昭（Masaaki Seki）
　田中よね（Yone Tanaka）　　　　　鶴尾能子（Yoshiko Tsuruo）
　藤嵜政子（Masako Fujisaki）　　　　牧野昭子（Akiko Makino）
　茂木真理（Mari Motegi）

編集協力　Collaboration éditoriale
　石沢弘子（Hiroko Ishizawa）

フランス語翻訳　Traduction en français
　東伴子（Tomoko Higashi）　　ソニア・悠希セルミ（Sonia Yuki Selmi）

イラスト　Illustration
　佐藤夏枝（Natsue Sato）

本文レイアウト　Mise en pages
　山田武（Takeshi Yamada）

編集担当　Éditeur
　井上隆朗（Takao Inoue）

みんなの日本語　中級Ⅰ
翻訳・文法解説　フランス語版

2011年 7 月25日　初版第 1 刷発行
2022年 7 月28日　第 6 刷 発 行

　　　編著者　スリーエーネットワーク
　　　発行者　藤嵜政子
　　　発　行　株式会社　スリーエーネットワーク
　　　　　　　〒102-0083 東京都千代田区麹町3丁目4番
　　　　　　　　　　　　トラスティ麹町ビル2F
　　　　　　　電話　営業 03（5275）2722
　　　　　　　　　　編集 03（5275）2726
　　　　　　　https://www.3anet.co.jp/
　　　印　刷　倉敷印刷株式会社

ISBN978-4-88319-562-6　C0081
落丁・乱丁本はお取替えいたします。
本書の全部または一部を無断で複写複製（コピー）することは著作権法上
での例外を除き、禁じられています。
「みんなの日本語」は株式会社スリーエーネットワークの登録商標です。